DISSERTATION

SUR LA PROPRIÉTÉ

DES

ARBRES DES GRANDES ROUTES

ET DES CHEMINS VICINAUX;

SUR LES NOUVELLES PLANTATIONS;

Sur les Droits respectifs des Riverains,
Des Communes, des anciens Seigneurs, Acquéreurs,
Concessionnaires et autres.

Avec le texte des Lois, Réglemens et Arrêts de la matière;

Par **M. GUICHARD**, père,

Avocat à la Cour royale de Paris,
Ancien Avocat à la Cour de cassation et au Conseil-d'État,.

𝔄 𝔓𝔞𝔯𝔦𝔰,

CHEZ L'AUTEUR, RUE DE GAILLON, N° 12.

1834.

AUTRES OUVRAGES RÉCENS

DU MÊME AUTEUR.

TRAITÉ des *Landes , Bruyères et Marais ;* des Défriche-
mens et Desséchemens. — Un fort vol. in-8°.

DÉFENSE des *Propriétaires ,* attaqués comme détenteurs de
Domaines engagés. — Un vol. in-8°. , en deux parties.

COURS *de Droit rural ;* ou Explication méthodique des lois ,
réglemens et usages qui régissent les *Biens ruraux* de tous
genres. — Un très-fort vol. in-8°.

CODE *des Droits et Priviléges des Femmes ;* ou Explication
des lois et maximes qui les concernent ; en forme d'*Entre-
tiens.* — 2 vol. in-12.

Avant-Propos.

Depuis quelques années surtout, les *Arbres des routes et chemins* sont devenus uné cause de discordes incessantes dans les Campagnes.

De nombreuses contestations se sont élevées à ce sujet, sur presque tous les points de la France, entre les Communautés d'habitans, les Propriétaires Riverains, les anciens Seigneurs, et les Administrations.

En dernier lieu, des circulaires de MM. les Préfets et Sous-Préfets, adressées aux Maires des Communes, ont eû pour objet de provoquer leur sollicitude, de stimuler leur zèle à cet égard; de leur indiquer les devoirs qu'ils avaient à remplir, les diligences à faire, dans l'intérêt de leurs administrés.

Des sommations, assignations, saisies-arrêts,

oppositions, ont été formulées et notifiées en conséquence, dans presque toutes les localités.

Elles sont en ce moment l'objet d'une foule de controverses, de procès déjà engagés, ou près de l'être.

Dans ces circonstances, il nous a semblé que ce serait faire une chose utile à toutes les parties intéressées, que de leur présenter des documens propres à les éclairer sur leurs véritables *droits*.

C'est l'objet de la présente *Dissertation*, dans laquelle nous allons successivement exposer les lois et réglemens de la matière, en préciser les résultats, signaler les principales questions qu'ils ont fait naître et qui peuvent encore se reproduire, rassembler les élémens les plus propres à éclaircir les doutes, et à résoudre les difficultés.

Elle sera divisée en DEUX PARTIES :

Dans la première, il sera traité des arbres et plantations des GRANDES ROUTES, *royales* et *départementales*.

La deuxième traitera des arbres et plantations des CHEMINS dits VICINAUX ou *communaux*.

TABLE

DES TITRES ET CHAPITRES.

PREMIÈRE PARTIE.

DES ARBRES ET PLANTATIONS DES GRANDES ROUTES.

DEUXIÈME PARTIE.

DES ARBRES ET PLANTATIONS DES CHEMINS VICINAUX.

PREMIÈRE PARTIE.

DES ARBRES ET PLANTATIONS DES GRANDES ROUTES.

CHAPITRE PREMIER.

Exposition raisonnée de la Législation, tant ancienne que nouvelle, concernant les Arbres et Plantations des Grandes Routes.

1. Des lignes d'arbres, régulièrement plantées le long des routes, ne servent pas seulement à les embellir, à procurer un ombrage agréable aux voyageurs pendant les ardeurs de l'été ; elles servent aussi à les préserver d'accidens graves, en leur indiquant la direction à suivre pendant les nuits sombres ; pendant les hivers surtout, quand la terre est couverte de neige ; comme aussi quand le sol de la chaussée est enseveli sous l'eau, par l'effet de quelque inondation ou débordement.

De plus, ces plantations, multipliées sur toutes les routes qui en sont susceptibles, se trouvent former, au bout d'un certain nombre d'années, de magnifiques réserves d'arbres-futaies, qui fournissent d'excellens bois pour le charronnage, pour la

charpente des édifices, pour les constructions nava-
les, et qui augmentent d'autant la richesse du territoire, en même temps qu'elles en sont l'ornement.

Aussi voit-on nos anciens Rois, dans plusieurs
ordonnances pleines de sagesse, s'occuper de faire
garnir d'arbres à haute tige, les bords des principales routes de leur royaume.

§. Ier. LÉGISLATION ANCIENNE.

2. Voici notamment ce qu'on lit dans la célèbre
Ordonnance dite *de Blois* (mai 1579), art. 356 :
« Tous grands chemins seront remis à leur ancienne largeur, *nonobstant toutes usurpations, par
quelque laps de temps qu'elles puissent avoir été
faites.* Et, à ce que ci-après n'y soit faite aucune
entreprise, ils seront *plantés et bordés d'arbres,*
comme ormes, noyers, ou autres, selon les nature ou commodité du pays, AU PROFIT *de celui auquel la terre prochaine appartiendra.* Défendons
à toutes personnes de couper ou endommager les
arbres *plantés sur lesdits chemins,* sous peine d'a-
mende arbitraire et de punition exemplaire, etc.»

3. Un EDIT donné par le roi HENRI III, au mois de
janvier 1583, sur la police des chemins et rivières,
répète :
« ART. 15. Ordonnons *à tous tenants et aboutissants auxdits grands chemins et branches d'iceux,*
DE LES PLANTER *d'ormeaux, noyers,* et autres arbres propres selon la qualité du fonds et terri-
ritoire : suivant ce qui a été ci-devant ordonné par
nos prédécesseurs, et que nos *Estats,* en leur dernière assemblée, nous l'ont requis, et à la distance
de vingt-quatre pieds l'un de l'autre ; et ce dans le

temps qui leur sera limité, et le plus-tôt que faire se pourra. — *Et où aucun d'iceux arbres péri-raient, seront tenus d'en* REPLANTER *d'autres, sur peine d'amende arbitraire.* — *Les fruits desquels arbres appartiendront respectivement aux-dits propriétaires, et sieurs voyers, s'ils y ont droit.* »

4. Sous le roi *Louis XIV*, un *Arrêt* de son conseil, daté de Versailles, 26 *mai* 1705, concernant les routes et grands chemins, contient notamment la disposition suivante :

« Et pour la sûreté desdits grands chemins, S. M. fait défenses à tous particuliers de planter, à l'avenir, des *arbres*, sinon *sur leurs héritages, et à trois pieds de distance des fossés séparant le chemin de leurs héritages,* etc. »

5. Sous le roi Louis XV, un ARRÊT DU CONSEIL, en forme de Réglement général (du 3 mai 1720), ordonna, entre autres choses :

« ART 6. *Tous propriétaires d'héritages tenants et aboutissants aux* GRANDS CHEMINS *et branche d'i-ceux, seront tenus de les planter* d'ormes, hêtres, chataigniers, arbres fruitiers, ou autres arbres, selon la nature du terrain ; à la distance de *trente pieds* l'un de l'autre, *et à une toise au moins du bord extérieur des fossés* desdits *grands chemins,* et de les armer d'épines ; et ce, depuis le mois de novembre prochain, jusqu'au mois de mars inclusivement. — Et, dans le cas où aucun desdits arbres périraient, ils seront tenus d'en *replanter d'autres* dans l'année.

« *Art.* 7. *Faute, par lesdits propriétaires,* de planter lesdits arbres, pourront, *les Seigneurs auxquels appartient le droit de voierie sur les*

dits chemins, en planter, à leurs frais, dans l'é-
tendue de leurs voieries ; et , *en ce cas*, LES ARBRES
par eux plantés, et les *fruits* d'iceux, APPARTIEN-
DRONT *auxdits seigneurs voyers.* »

6. Un autre ARRÊT DU CONSEIL, *du 17 juin 1721*,
réitère la défense de planter aucuns arbres, à une
moindre distance que celle de *six pieds du bord
extérieur des fossés et berges du chemin.*

7. Sous le règne de LOUIS XVI, un Arrêt du
Conseil, rendu *le 17 avril 1776*, statua que :
« *A l'avenir,* les *Seigneurs voyers* ne pourraient
planter les chemins , dans l'étendue de leurs seigneuries , qu'*à défaut, par les propriétaires,* d'a-
voir fait lesdites plantations *dans un an, à compter
du jour où les chemins auront été entièrement tracés
et les fossés ouverts.* »

8. Un autre Arrêt du Conseil (*du 6 février 1776*),
établit une division des routes construites par ordre
du gouvernement , *en quatre classes :*
PREMIÈRE : *Grandes Routes* traversant la totalité
du royaume , et conduisant de la capitale aux principales villes et ports de commerce.
DEUXIÈME : Routes communiquant d'une province à une autre, ou de Paris à des villes considérables de l'intérieur.
TROISIÈME : celles communiquant entre les villes
d'une même province, ou de provinces voisines.
QUATRIÈME : celles destinées à la communication
entre petites villes ou bourgs.

9. Le même Arrêt statue qu'à l'avenir les routes du
premier ordre seront ouvertes sur une largeur de
quarante-deux pieds ; celles du deuxième, sur une

largeur de trente-six pieds ; celles du troisième,
trente pieds ; celles du quatrième, vingt-quatre.—
Sauf les grandes routes, dans la *traverse des bois
et forêts,* qui sont maintenues à la largeur de
soixante pieds, conformément à l'Ordonnance des
Eaux et Forêts. (Art. 1, 2, 5.)

8. Le même Arrêt dispose que ces différentes routes
seront *bordées de fossés,* dans les cas seulement où
ils seront jugés *nécessaires,* pour les garantir des
empiétemens des riverains, ou pour écouler les
eaux (Art. 8.) — Comme aussi que *les bords de
ces routes seront plantés d'arbres propres au terrain,* dans le cas où cette plantation sera jugée
convenable : ce qui sera indiqué dans les projets
arrêtés au Conseil. (Art. 90.)

9. Le 17 février 1781, une Ordonnance des
Grands-Voyers de France (1) renouvela l'ordre aux
*propriétaires d'héritages aboutissants aux grands
chemins et branches d'iceux,* de planter tels arbres
qu'ils jugeront propres au terrain ; en observant de
laisser la distance de trente pieds au plus, et de dix
au moins, de l'un à l'autre ; et six pieds d'intervalle entre le *bord extérieur des fossés ou berges
desdits chemins, et la ligne d'exploitation ;*

---

(1) **Ces** officiers, appelés aussi *Trésoriers de France,* com-
posaient, en chaque généralité ou province, une sorte de tribunal, appelé *Bureau des Finances,* lequel était tout à la fois
administratif et judiciaire. Comme *administrateurs,* et par
voie de réglement, ils prescrivaient toutes les mesures relatives à la conservation et police des grandes routes, même
dans la traversée des villes, bourgs et villages, etc. Comme
juges, ils connaissaient des anticipations, dégradations, et
autres délits : ils prononçaient des amendes et autres peines.

« *Et, faute par lesdits propriétaires* (est-il ajouté article 5), de faire ladite plantation, dans le délai *d'un an*, à compter du jour où les chemins auront été entièrement tracés et les fossés ouverts, *pourront, les seigneurs ayant droit de voierie, faire exécuter ladite plantation*, chacun dans l'étendue de sa seigneurie ; le tout aux termes des Arrêts de réglement du Conseil, des 3 mai 1720 et 17 avril 1776. »

10. « Les *propriétaires des arbres plantés* conformément à l'article précédent (est-il encore ajouté, article 6), seront tenus de les *entretenir* avec soin de *labours* et *élagages*, en observant de leur former une tête proportionnée à leur grosseur, et de *remplacer ceux qui périront*, avant le 15 décembre de chaque année, par d'autres arbres bien droits et de bonne qualité. — Et, faute par lesdits propriétaires d'y satisfaire, *sera procédé audit entretien par l'entrepreneur de la route* ; auquel sera délivré exécutoire, etc. . . . . »

11. Pour la *Lorraine*, le roi *Stanislas*, par des arrêts de son conseil, en 1741 et 1742, avait prescrit des dispositions à peu près semblables.

A mesure que les routes étaient tracées et chaussées, on devait y planter des arbres de différentes espèces, suivant la nature du terrain. Il était ordonné *aux propriétaires riverains*, de préparer les *trous* nécessaires, sur l'alignement donné par les ingénieurs, avant le 15 octobre de chaque année. Faute d'avoir fait ces trous, avant l'expiration de ce terme, les seigneurs haut-justiciers étaient autorisés à les faire creuser, à leurs frais, depuis le 15 octobre jusqu'au 1er novembre. — A leur défaut, le droit de planter passait aux communautés d'habitans; et la propriété des arbres appartenait, dans le premier cas, *aux riverains;* dans le deuxième cas, *au seigneur;* dans le troisième cas, *à la communauté.*

De plus, celui à qui la propriété était échue, devait garnir d'épines les jeunes arbres plantés, et leur donner deux labours par chaque année, jusqu'à ce qu'ils eussent atteint l'âge de six ans.

12. De ces anciens réglemens, passons à ceux intervenus depuis la révolution.

§ II. Législation nouvelle.

13. L'Assemblée dite *Constituante* ne fit autre chose qu'annoncer, dans son Décret *du 26 juillet 1790,* contenant abolition des droits de voierie seigneuriale, « qu'il serait incessamment *statué* PAR UNE LOI PARTICULIÈRE, *sur les arbres plantés le long des chemins dits royaux;*» et elle s'en alla sans avoir rien statué en effet.

14. L'Assemblée dite *législative,* dans le fameux Décret qu'elle rendit, à la fin de sa session, concernant les *biens des communes,* et publié sous la date *du 28 août* 1792, se contenta de dire :

« *Art.* 18. *Jusqu'à ce qu'il ait été prononcé relativement aux arbres plantés* SUR LES GRANDES ROUTES NATIONALES, *nul ne pourra s'approprier lesdits arbres et les abattre.* — Leurs *fruits* seulement, et les *bois morts,* appartiendront *aux propriétaires* RIVERAINS. — Il en sera *de même* des *émondages,* quand il sera utile d'en faire. — Ce qui ne pourra avoir lieu que *de l'agrément des*

Corps administratifs ; et à la charge , par lesdits riverains, d'entretenir lesdits arbres, et de REMPLA-CER LES MORTS.

« *Art.* 19. Il est dérogé aux lois antérieures, en tout ce qu'elles renferment de contraire aux dispositions du présent décret. »

15. Sous la troisième législature, appelée *Convention Nationale*, on ne trouve aucun décret, aucune disposition nouvelle, concernant les grandes routes.

16. Sous le Gouvernement qui succéda à la Convention, on ne rencontre qu'un Arrêté du *Directoire Exécutif,* en date du 28 *floréal an* 4 (14 avril 1796), relatif à des arbres existans sur la grande route de *Soissons* à Paris, et qui sera l'objet d'un examen particulier dans le chapitre ci-après.

20. Ce n'est qu'après l'avènement du général *Buonaparte* au pouvoir suprême, qu'on s'occupa enfin de donner une législation spéciale, tant aux grandes routes, qu'aux chemins vicinaux.

Par une loi du 29 *floréal an* 10 (19 mai 1802), il commença par attribuer à l'Autorité administrative, la répression de toutes les anticipations, détériorations et autres entreprises sur les grandes routes.

21. A la date *du* 9 *ventôse an* 13 (28 février 1805), fut promulguée une deuxième loi relative, tout à la fois, aux grandes routes et aux chemins vicinaux.

Les cinq premiers articles contiennent de nouvelles dispositions concernant les *plantations* des grandes routes.

Les articles 6 et 7 ordonnent un nouveau recensement des chemins vicinaux en chaque département, et prescrivent des mesures pour leur rétablissement, la fixation de leur largeur, et les plantations qui pourront avoir lieu.

Un dernier article attribue aux Conseils de préfecture la connaissance et répression des contraventions qui auront lieu sur les chemins vicinaux, aussi bien que sur les grandes routes.

22. En voici le texte :

« 1. *Les grandes routes* de l'empire, non plantées, et susceptibles d'être plantées, *le seront,* en arbres forestiers ou fruitiers, suivant les localités, *par les propriétaires riverains.*

« 2. Les plantations seront faites *dans l'intérieur de la route, et sur le terrain appartenant a l'État,* avec un *contre-fossé,* qui sera fait et entretenu par l'Administration des ponts et chaussées.

« 3. *Les propriétaires riverains auront la propriété des arbres et leurs produits.*

« *Ils ne pourront cependant les couper, abattre ou arracher,* que sur une *autorisation* donnée par l'Administration préposée à la conservation des routes, et à la charge du remplacement.

« 4. Dans les parties de route où les propriétaires riverains n'auront point usé, dans le *délai de deux années,* à compter de l'époque à laquelle l'Administration aura désigné les routes qui doivent être plantées, de la faculté qui leur est donnée par l'article précédent, le Gouvernement donnera des *ordres pour faire exécuter la plantation aux frais de ces riverains ; et la propriété des arbres plantés leur appartiendra aux mêmes conditions imposées par l'article précédent.*

« 5. Dans les grandes routes dont la largeur ne permettra pas de planter sur le terrain appartenant à l'Etat, lorsque le particulier riverain voudra planter des arbres sur son propre terrain, à moins de six mètres de distance de la route, il sera tenu de demander et d'obtenir l'*alignement* à suivre, de la Préfecture du département; dans ce cas le propriétaire n'aura besoin d'aucune autorisation particulière pour disposer entièrement des arbres qu'il aura plantés, etc. » (1).

23. Comme on le voit, cette loi *du 9 ventôse an 13*, ne disposait que pour les plantations *à venir*, et ne disait pas un seul mot des plantations *anciennes*, de celles faites tant en dedans qu'en dehors du sol des grandes routes, et sur le sort desquelles l'*article 18 de la loi du 28 août 1792*, n'avait statué que d'une manière *provisoire*.

Ce n'est que six années après, à la date *du 16 décembre 1811*, que, au lieu d'une *loi*, parut un long *Décret impérial*, en 118 articles, contenant un nouveau système tout entier concernant les grandes routes, et qui traite spécialement des *plantations*, tant *anciennes* que *nouvelles*.

24. Cette partie du décret étant celle qui nous intéresse principalement, il est indispensable d'en transcrire ici les articles.

« TITRE VIII. — DES PLANTATIONS.

« SECT. 1re. — *Plantations anciennes.*

« ART. 86. *Tous les arbres plantés avant la publication du présent, sur les routes impériales,* EN DEDANS DES FOSSÉS ET SUR LE TERRAIN DE LA ROUTE, *sont reconnus appartenir* A L'ÉTAT; *ex-*

---

(1) Les autres articles de cette loi, relatifs aux *chemins vicinaux*, seront rapportés ci-après, *seconde partie.*

cepté ceux qui auront été plantés en vertu de la loi
du 9 ventôse an 13.

« ART. 87. Tous les arbres plantés, jusqu'à la
publication du présent décret, *le long desdites
routes, et sur le terrain des propriétés* COMMUNA-
LES *ou* PARTICULIÈRES, sont reconnus appartenir
aux communes, ou aux *particuliers, propriétaires
des terrains.* »

25. Ainsi, suivant ce décret, telle serait la
seule distinction à faire, quant aux arbres *anciens*
des grandes routes :

1°. Sont-ils *sur le sol même de la route, et en
dedans des fossés ?* Ils sont déclarés appartenir *à
l'Etat.*

2°. Sont-ils *en dehors du sol de la route, sur les
terres riveraines* appartenant *à des particuliers* ou
à des *communes ?* — Ils sont attribués à ces *particuliers* ou à ces *communes.*

Contre la généralité de la première disposition,
une seule exception est admise, et c'est en faveur
de ceux qui auraient plantés *depuis, et en vertu
de la loi du* 9 *ventôse an* 13.

Pourquoi ? — Parce que cette loi de *l'an* 13,
ainsi qu'on l'a vu plus haut, avait formellement
ordonné *qu'à l'avenir* les plantations seraient faites
sur le sol des routes, par les *riverains ;* lesquels en
auraient *la propriété.*

26. Mais continuons la transcription du décret :

«. SECT. 2. — *Plantations nouvelles.*

« ART. 88. Toutes les routes impériales non
plantées, et qui sont susceptibles de l'être sans inconvénient, *seront plantées par les particuliers*

ou les *communes*, propriétaires *riverains* de ces routes, dans la traversée de leurs propriétés respectives.

« 89. Ces propriétaires ou ces communes demeureront *propriétaires des arbres qu'ils auront plantés*.

« 90. Les plantations seront faites, au moins *à la distance d'un mètre du bord extérieur des fossés*, et suivant l'essence des arbres.

« 91. Dans chaque département, l'ingénieur en chef remettra au Préfet, avant le 1er juillet 1812, un rapport tendant à fixer celles des routes impériales du département non plantées, et susceptibles de l'être sans inconvénient; l'alignement des plantations à faire, route par route, et commune par commune; et le *délai nécessaire* pour l'effectuer.

« Il y joindra son avis sur l'essence des arbres qu'il conviendrait de choisir pour chaque localité ; pour, le tout, devenir l'objet d'un arrêté du préfet, qui sera soumis à l'approbation de notre ministre de l'intérieur, par l'intermédiaire de notre directeur-général.

« 92. Les arbres seront reçus par les ingénieurs des ponts et chaussées, qui surveilleront toutes les opérations, et s'assureront que les propriétaires se sont conformés en tout aux dispositions de l'arrêté du préfet.

« 93. Tous les arbres *morts* ou *manquans* seront remplacés dans les trois derniers mois de chaque année, par le planteur, sur la simple réquisition de l'ingénieur en chef.

« 94. Lorsque les plantations s'effectueront au compte et par les soins des Communes propriétaires, les maires surveilleront, de concert avec les ingénieurs, toutes les opérations. L'entreprise

en sera donnée *au rabais*, et à la chaleur des en-
chères, par voie d'adjudication publique ; à moins
d'une autorisation formelle du préfet, de déroger à
cette disposition. L'adjudicataire *garantira, pendant trois ans*, la plantation ; et restera chargé,
tant de son entretien que du remplacement des arbres morts ou manquans, pendant ce temps. La ga-
rantie de trois années sera prolongée d'autant, pour
les arbres remplacés.

« 95. *A l'expiration du délai fixé*, en exécution de l'art. 91, pour l'achèvement de la plantation
dans chaque département, les Préfets feront constater par les ingénieurs, *si les particuliers* ou *communes, propriétaires, n'ont pas effectué les plantations* auxquelles le présent décret les oblige, ou
ne se sont pas conformés aux dispositions prescrites pour les alignemens, et pour l'essence, la
qualité, l'âge des arbres à fournir. *Le préfet ordonnera*, au vu dudit rapport de l'ingénieur en
chef, *l'adjudication des plantations* non effectuées
ou mal exécutées par les propriétaires. Le prix de
l'adjudication sera avancé sur les fonds des travaux
des routes.

« 96. Les dispositions de l'article précédent sont
applicables à tous *particuliers* ou *communes* propriétaires, qui n'auraient pas remplacé leurs arbres
morts ou manquans, aux termes de l'article 93 du
présent décret.

« 97. *Tous particuliers ou communes, au lieu
et place desquels il aura été effectué des plantations*, en vertu des deux articles précédens, *seront
condamnés à l'amende d'un franc par pied d'arbre
que l'administration aura planté à leur défaut; et
ce indépendamment du remboursement de tous frais
de plantation*.

« 99. Les arbres plantés sur le terrain de la route et appartenant à l'État, ceux plantés sur les terres riveraines, soit par les communes, soit par les particuliers, en exécution du présent décret, ou antérieurement, ne pourront être coupés et arrachés qu'avec l'autorisation du *directeur général des ponts et chaussées,* accordée sur la demande du préfet ; laquelle sera formée seulement lorsque le *dépérissement* des arbres aura été constaté par les ingénieurs, et toujours à la charge du remplacement immédiat (1).

« 100. La vente des arbres appartenant à l'État, et ceux appartenant aux communes, sera faite par voie d'adjudication publique. Le prix de ceux appartenant à l'État sera versé, comme fonds spécial, à notre trésor impérial, et affecté au service des ponts et chaussées ; le prix des arbres appartenant aux communes sera versé dans leurs caisses respectives.

« 101. Tout propriétaire qui sera reconnu avoir coupé, sans autorisation, arraché ou fait périr les arbres plantés sur son terrain, sera condamné à une amende égale à la *triple valeur* de l'arbre détruit.

« 102. *L'élagage* de tous les arbres plantés sur les routes, conformément aux dispositions du présent titre, sera exécuté toutes les fois qu'il en sera besoin, sous la direction des ingénieurs des ponts et chaussées, en vertu d'un arrêté du préfet, qui sera pris sur le rapport des ingénieurs en chef, et qui contiendra les instructions nécessaires sur la manière dont l'élagage devra être fait. Les ingé-

---

(1) Voir ci-après une Ordonnance royale *du 8 août* 1821, qui modifie cet article.

nieurs et conducteurs des ponts et chaussées sont chargés de surveiller et d'assurer l'exécution desdites instructions.

« 103. Les travaux de l'élagage des arbres appartenant à l'Etat ou aux communes, seront exécutés au rabais et par adjudication publique.

« 104. La vente des branches élaguées, des arbres-chablis, et de ceux qui seraient en partie déracinés, sera faite par voie d'adjudication publique. Le prix des bois appartenant à l'Etat sera versé, comme fonds spécial, à notre trésor impérial, et affecté au service des ponts et chaussées; le prix des bois appartenant aux communes sera versé dans leurs caisses respectives.

« 105. Les particuliers ne pourront procéder à l'élagage des arbres qui leur appartiendraient sur les grandes routes, qu'aux époques et suivant les indications contenues dans l'arrêté du préfet; et toujours sous la surveillance des agens des ponts et chaussées : sous peine de poursuites, comme coupables de dommages causés aux plantations des routes.

Dispositions générales.

« 106. La conservation des plantations des routes est confiée à la surveillance et à la garde spéciale des cantonniers, gardes champêtres, gendarmes, agens et commissaires de police, et des maires, chargés par les lois de veiller à l'exécution des réglemens de grande voirie.

« 107. Un tiers des amendes qui seront prononcées pour peine des dégâts et dommages causés aux plantations des grandes routes, appartiendra aux agens qui auront constaté le dommage; un deuxième tiers appartiendra à la commune du lieu des plantations; et l'autre tiers sera versé, comme fonds spécial, à notre trésor impérial, et affecté au service des ponts et chaussées.

« 108. Toutes condamnations, aux termes des articles 97, 101 et 105 du présent, seront poursuivies et prononcées, et les amendes recouvrées, comme en matière de *grande voirie*.

« 109. Les travaux d'entretien, de curement et de réparation des *fossés* des grandes routes, seront exécutés par les propriétaires riverains, d'après les indications et alignemens qui seront donnés par les agens des ponts-et-chaussées.

« 110. Tous les travaux de curement et d'entretien de *fossés*, qui n'auraient pas été exécutés par les propriétaires ou locataires riverains, aux époques indiquées, le seront, *à leurs frais*, par les soins des agens des ponts et chaussées, et payés sur des états approuvés et rendus exécutoires par les préfets.

« 111. Toute contestation qui s'élèverait entre les ingénieurs et les particuliers, sur l'exécution des deux articles précédens, sera jugée *par le préfet*.

(Suivent plusieurs articles touchant *la Répression des Délits de grande voirie*.)

27. Ainsi qu'on vient de le voir, ce Décret impérial (du 16 décembre 1811), déroge à plusieurs dispositions importantes de la *loi de ventôse an* 13.

Ainsi, 1°. cette loi de l'an 13 (28 février 1805), avait statué qu'à l'avenir les plantations des grandes routes seraient faites *sur la route même, sur le terrain appartenant à l'État*. (Art. 2).

Le décret de 1811 ordonne, au contraire, que les plantations seront faites *en dehors de la route, et à la distance d'un mètre, au moins, du bord extérieur des fossés, par les propriétaires riverains ;*

sur leur terrain par conséquent, et à leurs frais. (Art. 88, 90.)

Il ordonne de plus, qu'à faute, par les riverains, d'avoir effectué les plantations de la manière prescrite, il seront condamnés à l'*amende d'un franc par chaque pied d'arbre* manquant; plus au remboursement des frais de la plantation, qui, dans ce cas, sera faite pour eux par l'administration. (Art. 97.)

2°. La loi de l'an 13 avait statué (art. 5), qu'au cas où la largeur de la route n'étant pas assez considérable pour comporter une plantation sur le sol même de la route, et où le propriétaire riverain aurait planté une ligne d'arbres sur son propre terrain, après avoir pris alignement à cet effet; il n'aurait besoin *d'aucune permission* pour pouvoir disposer de ces arbres.

Le décret de 1811 dispose, au contraire, *art.* 99, que les arbres plantés sur les terres riveraines, soit par des particuliers, soit par des communes, même antérieurement audit décret, ne pourront être coupés ou arrachés qu'avec *l'autorisation du directeur général des ponts et chaussées;* laquelle ne sera accordée que sur la *demande du préfet;* et lorsque le dépérissement des arbres aura été constaté par les ingénieurs; et *toujours à la charge du remplacement immédiat.*

3°. La loi de *ventôse an* 13 n'imposait nullement aux riverains l'obligation de *curer* et *entretenir* les *fossés* des grandes routes.

Elle portait, au contraire, en termes positifs, que les contre-fossés seraient *faits et entretenus par l'Administration des ponts et chaussées.* (Art. 2.)

Au mépris de cette loi, le décret impose aux riverains cette charge, qui, pour ceux-là surtout dont la propriété borde la route des deux côtés, et dans une longue étendue, serait infiniment onéreuse.

24. Aussi, de nombreuses réclamations s'élevèrent-elles contre ce décret, sous ces différens rapports.

Et c'est pour y faire droit, ainsi que sur celles relatives à la *propriété des arbres* plantés le long des grandes routes, que fut proposé, *en* 1824, un Projet de loi, qui, repris, discuté et adopté en partie dans *la session de* 1825, a formé la Loi publiée sous la date *du* 12 *mai de* ladite *année* 1825, et dont voici le texte :

« ART. 1ᵉʳ. *Seront reconnus appartenir aux* PARTICULIERS, *les arbres actuellement existans sur le sol des routes royales et départementales*, et que ces particuliers justifieraient avoir *légitimement acquis à titre onéreux*, ou *avoir plantés à leurs frais, en exécution des anciens réglemens.*

« Toutefois, ces arbres *ne pourront être abattus*, que lorsqu'ils donneront des *signes de dépérissement*, et sur une *permission de l'Administration.*

« La permission de l'administration sera également nécessaire pour en opérer l'*élagage.*

« Les *contestations* qui pourront s'élever, entre l'Administration et les particuliers, relativement à la propriété des arbres plantés sur le sol des routes, seront portées devant les *Tribunaux ordinaires.* Les droits de l'Etat y seront défendus à la diligence de l'Administration des Domaines.

« ART. 2. A dater du 1ᵉʳ. janvier 1827, le curage et l'entretien des *fossés*, qui font partie de la propriété des routes royales et départementales, seront opérés par les soins de l'Administration pu-

blique, et sur les fonds affectés au maintien de la
viabilité desdites routes. »

25. A cette Loi *du 12 mai 1825*, il convient d'a-
jouter de suite une Ordonnance royale, qui a modifié une autre disposition du Décret de 1811.

Elle est *du 8 août 1821.*

Elle porte notamment, *art.* 4 :

« Les arbres plantés sur les routes *départementales*, et sur les terres riveraines desdites routes,
pourront être abattus, dans les cas prévus par *l'article* 99 du Décret du 16 décembre 1811 , *sur la
seule autorisation du* Préfet.

26. Ici se termine la série des diverses dispositions législatives et réglementaires, tant anciennes
que nouvelles, qui se rapportent aux *arbres et plantations* des *grandes routes.*

27. Il faut maintenant en résumer les résultats,
en appliquer les conséquences , signaler les principales questions qu'elles ont fait naître, celles qui
peuvent naître encore, et susceptibles de présenter
des doutes.

CHAPITRE II.

Résultats des Lois ci-devant rapportées. — Principaux Points à remarquer. — Questions à examiner.

CE qui résulte clairement des lois ci-devant rapportées, c'est :

1°. Que les Edits et Réglemens antérieurs à la Révolution, non-seulement autorisaient, mais même obligeaient les propriétaires riverains des *grandes routes,* à les planter d'arbres à haute tige, dans un certain délai, et en observant certaines distances prescrites; puis, à les entretenir, en les garnissant d'épines, et leur donnant tous les labours nécessaires.

Auquel cas, et en récompense de leurs frais et avances, les riverains demeuraient propriétaires de ces arbres; ayant seuls droit à leurs produits, à leurs fruits et élagages; comme aussi ayant seuls le droit d'en disposer et profiter, quand le moment serait venu de les abattre ou arracher.

2°. C'est que, à défaut par les riverains d'avoir effectué la plantation dans le délai prescrit, les *Seigneurs voyers* ou *justiciers* du territoire étaient invités à la faire, chacun dans l'étendue de sa juridiction, en se conformant aux mêmes règles de distance et alignement; — auquel cas ils devenaient également *propriétaires* des arbres; ayant sur eux les mêmes droits de jouissance et de propriété, que s'ils eussent été propriétaires des terres riveraines de la route.

3°. Mais, à défaut, par les riverains et les seigneurs, d'avoir effectué les plantations qui leur
étaient prescrites, il est souvent arrivé que l'Administration les a fait opérer elle-même, et qu'ensuite le Gouvernement en a concédé les arbres à
des particuliers, moyennant une certaine finance
ou redevance, pour y exercer les mêmes droits et
profits que les planteurs.

4°. Un autre point, non moins constant, c'est
que l'Assemblée constituante *n'abrogea point* ces
lois et réglemens *antérieurs à* 1789, non plus que
les droits acquis aux planteurs et concessionnaires
en vertu de ces réglemens ; puisque, par son *Décret du 26 juillet* 1790, elle se contenta d'annoncer
qu'il serait incessamment statué, PAR UNE LOI PAR-
TICULIÈRE, *sur les arbres des grandes routes ;* ce
qui était virtuellement maintenir les choses dans
l'état où elles étaient à cette époque, en attendant
la loi nouvelle qui serait rendue.

5°. La deuxième Législature, par son *Décret du*
28 *août* 1762, n'abrogea pas non plus les lois anciennes ; elle ne fit qu'en *suspendre* l'exécution
jusqu'à un certain point, en ordonnant seulement
(article 18), que *jusqu'à ce qu'il eût été prononcé
par une loi spéciale sur les arbres des routes nationales,* les riverains seraient tenus de les soigner et
entretenir : en indemnité de quoi ils en auraient
les fruits, les élagages et les bois morts.
Or, par cette disposition, purement provisoire
et transitoire, devait-on tenir pour irrévocablement
abolis, les droits *acquis* aux particuliers qui avaient
planté des arbres sous la condition d'en avoir les
profits, ainsi que les droits acquis aux personnes

qui avaient acheté les arbres plantés par le gouvernement? — Première question à examiner.

6°. Entre autres dispositions, le *Décret impérial*, *du* 16 *décembre* 1811, ordonnait, d'une part, que tous les arbres plantés anciennement *sur le sol* des grandes routes, seraient réputés appartenir *à l'Etat*.

Il prononçait, d'autre part, que tous ceux plantés *en dehors* de la route, seraient reconnus *appartenir aux riverains*.

Par la première décision, se trouvaient dépouillés, *au profit de l'Etat*, les particuliers, soit riverains, soit anciens seigneurs, *qui avaient planté* les arbres existans *en dedans* de la rive des routes, sous la promesse qu'ils auraient les profits et la propriété de ces arbres ; comme aussi les personnes qui avaient obtenu, à titre onéreux, la concession de certaines lignes d'arbres plantés par l'ancienne administration.

Par la deuxième décision, se trouvaient également lésés et frustrés, les individus qui, sous la même promesse, avaient été autorisés à planter le long des routes royales, et sur les terres limitrophes.

Or, ces diverses dispositions, d'une injustice évidente, subsistent-elles encore ?

N'ont-elles pas été abrogées par la *loi* du 12 *mai* 1825 ?

Comment doit s'entendre le premier article de cette loi ?

C'est ce que nous examinerons encore dans les chapitres suivans.

CHAPITRE III.

Résultait-il du Décret de 1792, que les Personnes qui avaient anciennement planté des arbres sur les Routes, ou qui avaient acheté ceux plantés par le Gouvernement, fussent désormais déchues de tout droit à la propriété et aux produits de ces arbres ?

---

1. CETTE question s'est présentée en 1796, dans les circonstances suivantes :

Un Arrêt de l'ancien Conseil-d'Etat, du 20 février 1774, avait concédé au sieur *Le Duc de La Tournelle*, la propriété et les produits de plusieurs lignes d'arbres plantés par l'Administration des ponts et chaussées sur la grande route de *Soissons à Villers-Coteréts ;* et ce, moyennant une finance par lui versée à la caisse de ladite Administration; plus, à la charge de les entretenir, et de remplacer ceux qui viendraient à manquer.

Pendant l'hiver de l'an III à l'an IV (1795-96), le sieur *La Tournelle* fit abattre plusieurs de ces arbres, sans avoir obtenu l'agrément de la nouvelle Administration. — Procès-verbal fut dressé contre lui ; et en germinal de l'an 4, il fut traduit devant le *Tribunal correctionnel* séant *à Soissons,* comme coupable d'un délit commis sur une propriété nationale.

Pour défense à cette poursuite, le sieur La Tournelle exhiba l'arrêt de concession, la quittance du prix par lui versé à la caisse des ponts et chaus-

sées; et il soutint qu'en abattant les arbres en question, il n'avait fait qu'user d'un droit qui lui appartenait.

Le Ministère public lui opposait *l'article* 18 *de
la loi du* 28 *août* 1792, portant que « *jusqu'à ce
qu'il ait été statué sur les arbres des routes nationales, nul ne pourra s'approprier lesdits arbres et
les abattre, etc.* » — Le sieur La Tournelle répon-
dait que cette disposition ne pouvait lui être applicable, puisqu'il était concessionnaire, à titre onéreux, de la propriété des arbres en question, par un
acte de l'ancien Gouvernement, qu'aucune loi n'a-
vait annulé ni révoqué.

Le Tribunal hésite; et, dans le doute qu'il éprou-
ve, il ordonne, avant faire droit, *qu'il en sera ré-
féré au Corps-Législatif, par l'intermédiaire du
Ministre de la Justice :* conformément à une disposition de *la Loi du* 10 *vendémiaire an* 4, sur les attributions des différens Ministères.

Les pièces de l'affaire sont en conséquence trans-
mises au Ministre de la Justice.

Mais ce ministre, au lieu de soumettre la question au *Corps-Législatif,* fait de suite adopter par
le *Directoire Exécutif,* un Arrêté portant, que,
d'après la loi du 10 vendémiaire an 4, il n'y a lieu
de transmettre au Corps-Législatif *les référés des
tribunaux, que lorsqu'il se présente de véritables
doutes à éclaircir;* que, dans le cas dont il s'agit,
il y a eu, de la part du sieur La Tournelle, une
contravention évidente à la loi du 28 *août* 1792,
même *à son propre titre;* et que cette *entreprise*
doit être *réprimée par les Autorités publiques,
chargées de veiller à la conservation des propriétés
nationales.*

2. Cet *Arrêté directorial,* inséré au Bulletin

des Lois, sous la date *du 28 floréal an 4*, était ainsi motivé :

« Vu le jugement ci-dessus daté, ensemble l'Arrêt du ci-devant Conseil, et la quittance du trésorier général des ponts et chaussées, etc. ;

« *Considérant* que les arbres plantés sur les chemins ci-devant royaux, ont toujours fait partie du Domaine public, reconnu inaliénable dans la main des ci-devant rois, et dont les aliénations faites, même à titre onéreux, postérieurement à *l'Ordonnance de* 1566, qui a consacré cette inaliénabilité, n'ont pu être regardées, et ne l'ont été, en effet, par l'Assemblée nationale constituante, que comme de *simples engagemens*, révocables à perpétuité, et que tel est le texte formel de l'article 24 de la *Loi du 22 novembre* 1790, sur les principes de la nouvelle législation domaniale ; — que, depuis, un *Décret du 22 septembre* 1791 a prononcé la révocation de toutes les aliénations des domaines nationaux déclarées révocables par la loi précitée ; — que, dès-lors, la concession des arbres plantés sur la route nationale de Soissons à Paris, a été incontestablement comprise dans ce nombre ; et, qu'ainsi, le concessionnaire n'avait plus aucun droit de propriété dans ces arbres ; et que tout ce qu'il pourrait prétendre en vertu de sa concession, c'est le remboursement de la *finance* par lui payée à l'époque d'icelle, en exécution de l'art. 25 de la loi du 2 novembre 1790. »

3. Comment ne pas éprouver quelque surprise, à la vue de ces diverses énonciations ! — Est-ce donc qu'il s'agissait, ici, de l'aliénation du fonds d'un domaine national ? Est-ce que c'est aliéner un do-

maine, que de concéder seulement une ligne ou
plusieurs lignes d'arbres plantés sur ce domaine,
et destinés à être coupés dans un temps plus ou
moins éloigné ? — A-t-on jamais songé à contester
à nos anciens Rois le pouvoir de vendre la coupe
des arbres étant sur telle ou telle portion des domaines de leur couronne ?

D'ailleurs, en supposant, ce qui n'est pas, que,
dans l'espèce, ont eût concédé le fonds même du
sol sur lequel étaient plantés les arbres vendus au
sieur de La Tournelle, c'est-à-dire une zône ou
lisière d'environ un mètre de large sur le bord de
la route; est-ce à un tel cas que pouvait raisonnablement s'appliquer l'art. 24 du Décret du 22 novembre 1790, portant révocation des aliénations
de domaines nationaux, postérieures à l'Edit de
1566 ? — Est-ce que les aliénations des *petits
domaines* n'étaient pas généralement maintenues
par l'art. 31 de ce même décret du 22 novembre
1790 ?

4. Mais, passons au motif suivant : on va voir le
rédacteur de l'arrêté se contredire lui-même, et
reconnaître que, dans la concession faite au sieur
La Tournelle, il n'y avait pas l'ombre d'une aliénation du sol de la route.

« Qu'au surplus *le titre même de la concession
ne lui conférait qu'un simple droit de jouissance ,
et non la faculté d'abattre les arbres* qui en étaient
l'objet ; que c'est ce qui résulte des termes mêmes
de l'Arrêt du conseil, par lequel le concessionnaire est expressément obligé *d'entretenir lesdits arbres , et de remplacer ceux qui viendraient
à manquer : condition qui exclut nécessairement la
faculté d'en disposer et de les abattre ;* que, dans

cet état, *il rentrait dans les dispositions de l'article 18 de la loi du 28 août 1792.....* »

5. Ainsi, de l'aveu même du Directoire, il n'y avait pas eu aliénation de la plus petite portion du sol de la route ; il y avait eu seulement concession d'un certain nombre d'arbres, à la charge *de les entretenir;* plus, à la charge de *remplacer ceux qui viendraient à manquer.*

Et, de ces expressions, le Directoire conclut que le concessionnaire n'avait pas le droit d'en abattre aucun et d'en disposer !

Mais cette obligation de *remplacer les arbres venant à manquer*, c'est-à-dire dépérissans et caducs, emportait, bien certainement, le droit de les abattre et arracher ; sans cela, comment aurait-on pu *les remplacer?*

Des termes de l'acte de concession, résultait de plus, bien évidemment, pour le concessionnaire, le droit de *disposer* des corps d'arbres arrachés : sans cela, pourquoi aurait-il payé une *finance?* Où serait l'équivalent de cette finance? Où serait la récompense des frais de *l'entretien* auquel il était obligé?

6. Ajoutons que le Décret du 28 août 1792 ne contenait rien de contraire à l'acte de concession dont le sieur La Tournelle était porteur ; puisque, par l'art. 18 de ce décret, les *riverains*, même ceux qui n'avaient pas planté, étaient autorisés à s'approprier les fruits, les émondages, les branches mortes des arbres; comme aussi chargés de *remplacer* ceux morts ou dépérissans.

Charge qui, encore une fois, emportait évidemment le droit d'abattre les troncs morts, et d'en disposer à leur profit.

Et, dans l'espèce, il paraît que les arbres abattus par le sieur *La Tournelle* étaient, en effet, des ormes *couronnés* et *dépérissans*. Il paraît, de plus, que ce particulier joignait la qualité de *riverain* à celle de *concessionnaire* de l'ancien Gouvernement.

7. Mais il paraît aussi qu'il s'était permis de faire cet abattage, sans en avoir prévenu l'Administration ; sans avoir pris son agrément ; et, en cela, il avait eu tort ; car le décret précité lui en faisait un devoir.

Sous ce rapport seulement, il était en faute, et passible peut-être d'une amende de police.

Mais alors, et dans cette hypothèse, que devait faire le Directoire, ou son Ministre ?

Renvoyer tout simplement les pièces de l'affaire aux juges de Soissons, pour qu'ils eussent à juger conformément aux lois, conformément à ce qui leur paraîtrait juste et légal ; mais non pas *juger* lui-même l'affaire ; mais non pas trancher lui-même la question au fond, et dire que le sieur LaTournelle n'avait aucune sorte de droit aux arbres par lui abattus ; car il n'appartenait qu'au *Pouvoir judiciaire* de statuer sur une telle question.

Il ne devait pas, surtout, ordonner que sa décision serait *insérée au Bulletin des Lois ;* car c'était indirectement commander à tous les tribunaux de la France, de considérer cette décision comme ayant la même autorité qu'une *loi ;* et l'on vient de démontrer que ce n'était qu'une opinion individuelle, aussi erronée en point de doctrine, qu'elle était illégale, inconstitutionnelle, dans la forme.

L'Arrêté du Directoire, du 28 floréal an 4, ne fut donc, en réalité, qu'un acte arbitraire, un fait de spoliation révolutionnaire, hautement réprouvé depuis, par la Loi *du 12 mai* 1825.

Et, par conséquent, les héritiers de *M. le duc de La Tournelle* seraient très-fondés à réclamer la réparation du dommage qui lui fut porté par suite de cet arrêté directorial ; à moins qu'on n'ait à leur opposer quelque exception de prescription ou de déchéance ; ce que nous ne pouvons croire ; leur action en recours n'ayant été ouverte et praticable que depuis la promulgation de la loi précitée.

CHAPITRE IV.

Les anciens Planteurs ou Concessionnaires d'arbres existans sur le terrain des routes, exclus du bénéfice de ces arbres par le Décret impérial de 1811, ont-ils été réintégrés dans la plénitude de leurs droits primitifs, par la Loi du 12 mai 1825 ?

1. Par un acte *du 23 janvier* 1764, l'ancien Gouvernement avait concédé au sieur *Vanzeler* les plantations déjà faites, et celles restant à faire sur la route de *Vimarkart* à *Armentières ;* à la charge de les entretenir, et de remplacer les arbres venant à manquer ; plus, à la charge de payer au Domaine une *redevance annuelle de 100 francs.*

Ce concessionnaire acheva les plantations, paya exactement la redevance pendant quinze années ; puis, il céda ses droits au sieur *Flamen.*

En 1790, l'Administration départementale *du*

Nord, avertie que le sieur *Flamen* se disposait à abattre une partie de ces arbres qui commençaient à dépérir, lui fit notifier des défenses d'y toucher.

Il réclama près du Ministre de l'*Intérieur*. Il demande l'autorisation de couper les arbres dépérissans, qu'il soutient lui appartenir ; aux offres de les remplacer et de continuer le service de la redevance.

L'affaire traîne en longueur. — Survient le *Décret du* 16 *décembre* 1811. — Et, alors, Décision du Ministre qui repousse la prétention du réclamant.

Recours au Conseil d'Etat.

Et, *le* 29 *mai* 1813, Décision ainsi conçue :

« Vu la requête qui nous a été présentée par le sieur *Flamen*, comme représentant le sieur *Vanzeler*, pour qu'il nous plaise annuler une décision de notre Ministre de l'Intérieur, notifiée au requérant, le 28 septembre 1812, par lettre du Directeur général des ponts et chaussées ; laquelle décision porte que les dispositions formelles de notre *Décret du* 16 *décembre* 1811, contenant réglement sur les routes, ne permettaient pas de nous proposer d'accueillir la demande qu'il faisait, tendant à être maintenu dans la propriété des arbres plantés sur les routes de *Vimarkart* à *Armentières*, et d'*Armentières* au bac du *Croi*, en exécution de l'arrêt du Conseil, du 23 janvier 1764 ; . . . .

« Considérant qu'aux termes de l'art. 86 dudit Décret du 16 décembre 1811, tous les arbres plantés sur le terrain des routes, sont déclarés appartenir à l'Etat, excepté ceux qui auraient été plantés en exécution de la loi *du* 9 *ventôse an* 13 ; . . . .

« Nous avons décrété et décrétons ce qui suit :
— « *Les arbres réclamés par le sieur Flamen, qui*

« *sont plantés sur le terrain des routes, sont recon-*
« *nus appartenir à l'Etat.*

« Notre grand juge, etc..... »

2. Ainsi qu'on le voit, dans cette décision,
on s'est borné à répéter simplement la disposition
littérale du décret de 1811, sans résoudre la question qui était à juger.

On n'a pas même prononcé, en termes formels,
le rejet de la requête du sieur *Flamen*; elle ne se
trouve rejetée qu'implicitement, et sans expres-
sion d'aucun raisonnement ni motif.

C'est qu'en effet, il a dû répugner de dire, qu'un
simple Décret administratif avait pu détruire des
droits légitimement acquis, des droits fondés sur
d'anciens édits qu'aucune loi nouvelle n'avait encore révoqués en cette partie ?

Il a dû répugner de dire que les individus qui
avaient planté, sur la foi de ces anciens édits,
étaient moins favorables que ceux qui avaient
planté en exécution de la loi de *ventôse an* 13.

3. Mais, quelques années après, on a fini par reconnaître l'injustice manifeste de la disposition ci-
dessus mentionnée du décret impérial; et son
abrogation résulte évidemment de ces termes de la
Loi du 12 mai 1825 :

« *Seront reconnus appartenir aux particuliers,*
» *les arbres actuellement existans sur le sol des*
» *routes royales et départementales, et que ces*
» *particuliers justifieraient avoir légitimement ac-*
» *quis à titre onéreux, ou avoir plantés à leurs*
» *frais, en exécution des anciens réglemens.* »

4. Sur quoi, l'on nous a demandé si les héritiers

Flamen ne seraient pas fondés à réclamer une indemnité contre l'Etat, pour raison des arbres dont il s'est emparé au préjudice dudit Flamen?

L'affirmative nous paraît indubitable.

En effet, la loi *du 12 mai 1825*, n'a pas créé un droit nouveau pour le sieur Flamen ou ses héritiers; elle n'a fait que déclarer un droit préexistant.

Or, il est de maxime élémentaire, que les lois simplement *déclaratives* ou *interprétatives*, sont applicables, non seulement *à l'avenir*, mais encore *au passé*, aux faits *antérieurs* à leur promulgation.

Et, en cela, on ne donne point un effet rétroactif à ces lois, puisque déjà existait le droit ou la règle que ces lois n'ont fait que rappeler, expliquer et confirmer.

Que la loi du 12 mai 1825, dans la disposition ci-dessus, ne soit que *déclarative* d'un droit préexistant, et non introductive d'un droit nouveau : c'est ce qui ne peut être raisonnablement contesté.

En effet, d'anciens édits et arrêts du conseil n'avaient-ils pas, non-seulement autorisé, mais même obligé les riverains, ainsi que les seigneurs, à défaut des riverains, à planter des arbres sur les bords des grandes routes, en leur assurant qu'ils auraient la propriété et tous les produits de ces arbres?

Légitimes propriétaires s'il en fut jamais, ces planteurs et concessionnaires furent, à la vérité, pendant un certain temps, entravés dans l'exercice de leur droit de propriété; mais remarquez bien, cependant, que jamais aucune loi ne prononça l'abolition de ce droit. Ni sous l'Assemblée constituante, ni sous l'Assemblée législative, ni sous la Convention, ni sous les deux Conseils, ni sous l'Empire, on ne rencontre aucun acte législatif

prononçant formellement la révocation des anciens
édits sur ce point, ni l'annullation des anciennes
concessions.

Remarquez bien que le Décret impérial de 1811,
ne prononçait pas non plus l'abolition des effets légaux résultés de ces édits et de ces arrêts de concession ; que seulement il posait comme règle générale, mais susceptible d'exception, que les arbres plantés *sur le sol même des routes*, seraient
de droit réputés appartenir *à l'Etat,* et ceux plantés
en dehors de ce sol, aux riverains.

D'ailleurs ce décret, simple acte d'administration, émané de la seule autorité administrative,
n'avait pas le pouvoir d'abolir des droits de propriété résultant de lois formelles.

Aussi a-t-on vu, qu'après l'apparition de ce décret, des réclamations s'élevèrent, de la part des
anciens planteurs et concessionnaires ; qu'ils prétendirent que la règle ci-dessus ne devait pas leur
être appliquée, qu'ils devaient être placés dans
l'exception. De là une longue controverse, que la
Loi *du 12 mai* 1825, a eu pour objet de terminer.

Et que prononce en effet cette loi ? — Elle prononce, non pas qu'à l'avenir les arbres plantés sur
les bords et le sol même des routes, *appartiendront* aux particuliers qui justifieront les avoir
plantés à leurs frais, ou les avoir légitimement
achetés ; mais, « SERONT RECONNUS APPARTENIR
« *aux particuliers qui justifieront*, etc. »

Ce qui est bien la même chose que si la loi avait
dit : « Ceux qui justifieront..... *seront reconnus
« avoir toujours été propriétaires de ces arbres.* »

Ici donc, la loi n'attribue pas une propriété
nouvelle ; elle ne confère pas un droit nouveau ;
elle reconnaît simplement une propriété existante ;

elle déclare simplement cette existence , et com-
mande aux juges de la reconnaître et de la maintenir.

25. Ce que nous venons d'énoncer, sur le sens et
la portée du premier article de la loi du 12 mai 1825,
se trouve confirmé par la manière dont s'exprimait
l'orateur du Gouvernement , lorsqu'il présenta le
projet de cette loi à la Chambre des Députés ,
séance du 18 juin 1824.

Voici un passage de son discours que nous venons de relire :

«Dans l'état de notre législation , la question de
la propriété des plantations anciennement faites
sur les bords des grandes routes , était réellement
indécise , lorsque le Décret *du 16 décembre 1811* ,
est venu TRANCHER , *bien plutôt que résoudre cette
question.*

« Ce décret , *sans égard à l'origine de la plantation , abandonne aux riverains les arbres au-delà
du fossé,* et renferme *dans le domaine de l'Etat ,*
tous ceux qui se trouvent *en deçà* de cette limite...

» Il a imposé de *grands sacrifices à l'Etat , et
lui a fait perdre des plantations magnifiques, dont
les riverains se sont empressés de s'emparer.*

» Le Gouvernement, sans doute, trouverait une
sorte de compensation de toutes ces pertes, *en
s'attribuant la propriété de tous les arbres plantés
par les particuliers sur le terrain de la route.*

» *Mais si, par un acte émané de sa volonté , il
a pu renoncer à tout droit sur les plantations au-
delà du fossé,* IL N'A PU , *sans une injustice évidente , exiger un sacrifice analogue , de la part
des particuliers* PROPRIÉTAIRES D'ARBRES *plantés*

sur les routes. — Comment en effet ne pas accueillir des RÉPÉTITIONS *fondées sur des titres incontestables ? etc.* »

Ainsi, ce Conseiller, organe du Gouvernement, principal rédacteur de la loi, ne faisait pas le moindre doute, que les anciens planteurs ou concessionnaires d'arbres plantés *sur le sol même* des routes, avaient toujours été et n'avaient pas cessé d'être PROPRIÉTAIRES *de ces arbres ;* que s'ils avaient été dépouillés de cette propriété, par les Gouvernemens intermédiaires de la Révolution, ils étaient fondés à exercer *des répétitions,* et que le Gouvernement ne pouvait pas, *sans une injustice évidente,* leur imposer le sacrifice des pertes et dommages qu'ils avaient soufferts.

Voilà qui répond suffisamment à la question des héritiers *Flamen.*

26. On nous a encore demandé : si les personnes que la loi du 12 mai 1825 admet à revendiquer la propriété des arbres des grandes routes, peuvent prétendre, après les avoir abattus, avoir de plus le droit de les remplacer par de nouveaux plants, dont elles auraient encore les profits ?

La négative de cette proposition nous paraît indubitable ; nonobstant toutes clauses des arrêts ou actes de concession, qui auraient prescrit ou autorisé ce remplacement.

Il n'y eut en effet de réellement concédé par ces actes, que la propriété des *arbres* plantés alors, et non le *fonds du sol.*

La propriété du *sol* est certainement restée, soit à l'Etat, si c'était celui de la route, soit aux riverains , s'il s'agit d'arbres plantés sur une terre riveraine.

Ces arbres une fois coupés et enlevés , le propriétaire rentre de plein droit dans son fonds, dans le droit de le planter lui même. Ce n'est qu'autant qu'il consentirait à le laisser planter par un autre , par le précédent planteur ou concessionnaire , que celui-ci pourrait être fondé à faire une nouvelle plantation.

D'ailleurs , d'après le décret de 1811 , les nouvelles plantations ne devant plus être faites qu'*en dehors* de la route, il est sensible que les anciens planteurs et concessionnaires d'arbres existans sur le sol des routes, ne peuvent plus prétendre les remplacer , alors même que leur titre leur en eût imposé l'obligation. C'était dans l'intérêt de la route que ce remplacement leur avait été prescrit. Ils s'en trouvent dispensés par le seul effet de la nouvelle disposition du décret actuellement en vigueur.

<hr>

CHAPITRE V.

Les ci-devant seigneurs et autres particuliers , qui avaient planté le long des routes, SUR LE SOL DES RIVERAINS , *en exécution des anciens réglemens, ont-ils été dépouillés de tout droit au bénéfice des arbres par eux plantés ?*

<hr>

(1) **1.** « Pour apprécier sagement cette question,

<hr>

(1) Extrait d'une consultation donnée à M. le comte de C. . . . . pour des arbres existans le long d'une route du département de Seine-et-Oise.

il ne faut pas perdre de vue que les anciens édits et arrêts du Conseil, avaient commencé par enjoindre aux riverains de planter des arbres sur le bord de leurs fonds, joignant les grandes routes ; que ce ne fut qu'au défaut et sur le refus de ces riverains d'obtempérer à cet ordre, que les seigneurs locaux furent invités à faire les plantations en leur lieu et place ; qu'ils y furent invités avec promesse qu'ils auraient non-seulement les fruits et les élagages, mais aussi la disposition entière des arbres par eux plantés, quand le moment serait venu de les abattre.

2. « Il ne faut pas non plus perdre de vue que, sur un grand nombre de routes, les riverains et les seigneurs ayant négligé de faire les plantations qui les concernaient, l'Administration publique s'est vue dans la nécessité de faire opérer elle-même ces plantations ; et qu'après les avoir opérées elle-même, il est souvent arrivé, comme on l'a vu plus haut, qu'elle en a concédé les arbres à divers particuliers, moyennant certaine finance ou redevance ; et sous la condition de ne pouvoir les abattre ou arracher, que lorsqu'ils seraient parvenus au terme de leur croissance, et après due autorisation de l'autorité compétente.

3. « Or, on le demande à tout homme équitable et de bonne foi, les particuliers qui, au refus des riverains, et en exécution des lois alors en vigueur, plantèrent ainsi des lignes d'arbres le long des grandes routes, et sur le bord des fonds desdits riverains ; ceux qui, moyennant un prix réel, acquirent du Gouvernement les lignes qu'il avait fait planter lui-même, n'avaient-ils pas un *droit légalement acquis* à la propriété de ces arbres ? un

droit aussi légitime, aussi favorable, que celui des particuliers qui, en exécution des mêmes réglemens, avaient planté sur le sol même de certaines routes?

4. « On objecte qu'il y a une grande différence entre les deux cas : que l'ancien Gouvernement avait pu valablement déférer, soit aux riverains, soit aux ci-devant seigneurs, la faculté de planter *sur le sol des routes* à lui appartenant, et en même temps leur attribuer la propriété des arbres par eux plantés à sa réquisition; qu'il avait encore pu légalement, après avoir planté lui-même sur ces routes, concéder ses plantations à qui il lui avait plû, moyennant le remboursement de ses frais.

« Mais, ajoute-t-on, autoriser d'autres individus que les propriétaires riverains, à planter sur le terrain de ces propriétaires; attribuer à des étrangers le bénéfice d'arbres nourris et élevés sur le fonds des riverains : c'était ordonner une chose illégale, vexatoire, tyrannique; c'était attenter au droit sacré de la propriété; c'était au moins grever une partie du sol des riverains, d'une servitude arbitraire, souvent très-dommageable; et cet abus a dû cesser dès l'instant où *l'affranchissement des propriétés territoriales*, ainsi que la *liberté des personnes*, fut proclamé comme étant la *loi fondamentale de toute la France.*

5. « Mais ne peut-on pas répondre, qu'il n'y a d'*illégal*, que ce qui est fait *contrairement à une loi*, ou à un réglement ayant autorité de loi; et qu'ici il y avait des lois, ou réglemens ayant force de loi, qui obligeaient les propriétaires d'héritages joignant les grandes routes, d'en planter les bords, suivant certaines règles tracées; à faute de quoi la

plantation serait faite par telles autres personnes, qui en auraient les profits?

« Ne peut-on pas répondre, de plus : qu'on a toujours tenu pour règle en France, que les particuliers dont les héritages bornent les grandes routes et autres voies publiques, sont de droit obligés de subir certaines servitudes commandées par l'intérêt général, en même temps qu'ils retirent de cette situation des avantages qu'ils n'auraient point ailleurs.

« Aussi, n'a-t-on jamais imaginé de dire qu'il y eût tyrannie ni acte arbitraire, à exiger qu'un particulier, dont l'habitation borde une rue ou autre voie publique, et dont les murs tombent de vétusté, ne pût les relever et reconstruire, qu'en se conformant *à l'alignement* qui lui sera donné par l'autorité compétente.

6. « Aussi, n'a-t-on jamais songé à taxer de vexation et de tyrannie, la disposition des anciennes ordonnances qui obligent les propriétaires d'héritages aboutissant aux fleuves et rivières navigables, à laisser, le long de ces cours d'eau, un certain espace entièrement libre, pour le tirage des bateaux.

7. « Or, quant à l'obligation qui était imposée aux propriétaires des terres riveraines des grandes routes, d'en planter les bords de telle et telle manière, n'était elle pas également fondée sur une cause d'utilité publique? Et, à faute par les riverains de faire cette plantation dans un certain délai, n'y avait-il pas convenance et sagesse à autoriser des voisins à faire, en leur lieu et place, cette plantation nécessaire?

« Comme aussi n'y avait-il pas justice, d'attribuer

aux planteurs les profits des arbres par eux plantés, pour les indemniser de leurs frais, pour les récompenser du service par eux rendu au pays?

8. « Eh quoi! dans le Décret impérial *du* 16 *décembre* 1811, il est ordonné, pareillement, que les routes, non encore plantées, le seront par les riverains, et sur leur propre fonds? (Art. 88, 90.)

« Il y est dit, de plus, qu'à faute par les riverains d'avoir effectué, dans le délai prescrit, la plantation les concernant, il y sera pourvu par le préfet, et par voie d'adjudication à un entrepreneur; qu'ensuite, les frais de la plantation seront recouvrés sur les riverains, et que chacun d'eux sera, de plus, *condamné* à autant *d'amendes* D'UN FRANC, qu'il y aura de pieds d'arbres plantés pour lui par l'administration. (Art. 95, 97.)

« Et cette disposition a été rigoureusement mise à exécution depuis 1811; témoins plusieurs arrêts du Conseil d'État qui ont rejeté les réclamations de plusieurs riverains, contre les taxes et amendes auxquelles ils avaient été condamnés par les Conseils de préfecture (1).

9. Assujétir les riverains à planter des arbres sur leurs propres héritages, pour la décoration des grandes routes, nonobstant la *loi de* 1805 qui avait statué qu'à l'avenir les plantations seraient faites *sur le terrain même des routes*; condamner de plus les riverains retardataires, non-seulement à rembourser les frais de celles faites pour eux par l'Ad-

---

(1) Voir ci-après un arrêt du 28 octobre 1831, rendu contre le sieur Pelletier.

ministration, mais même à *l'amende d'un franc par chaque pied d'arbre* qu'il leur était enjoint de planter, alors qu'une telle condamnation ne résulte d'aucun article du Code pénal, et n'est autorisée par aucune autre loi : —Voilà ce qu'avec raison, peut-être, on eût pu qualifier d'acte arbitraire, illégal, inconstitutionnel.

« Cependant, jusqu'ici, l'on ne voit pas que cette disposition exorbitante du décret de 1811, ait été l'objet d'aucune censure dans les deux chambres législatives, ni dans aucun écrit public; et, si elle a été trouvée juste, comment se peut-il que l'on soutienne illicite et nulle, celle des anciens édits, ordonnant simplement, qu'à faute par les riverains de faire sur la rive de leurs pièces les plantations qui leur étaient prescrites, ces plantations pourraient être faites par telles autres personnes; et que, dans ce cas, les arbres ainsi plantés leur seraient laissés en indemnité de leurs avances ?

10. Mais, réplique-t-on, c'est aux anciens *Seigneurs* locaux que ces anciens édits conférèrent le droit de planter sur les terres riveraines; c'est en cette qualité de *seigneurs*, qu'ils plantèrent; c'est en cette qualité de *seigneurs*, qu'ils furent déclarés *propriétaires* des arbres ainsi plantés; or, tous les *droits* et *priviléges* attachés à la qualité de *seigneur*, ont été généralement proscrits, supprimés, par les lois abolitives du régime féodal.

11. « On fait ici confusion : Oui, tous les droits. et priviléges dérivant de la féodalité, de la seule puissance de fief, de la seule qualité de seigneur, ont été anéantis par le seul fait de l'abolition de la féodalité; mais remarquez donc bien que ce ne fut nullement en vertu de leur prérogative féodale, que les ci - devant seigneurs firent les plantations dont il s'agit ; mais , uniquement , en vertu de l'autorisation spéciale qui leur fut conférée à cet effet par l'Autorité souveraine. Jamais les anciens seigneurs ne prétendirent avoir le droit de planter , ni sur les grandes routes , ni sur les terres d'autrui bordant ces routes, en vertu de leur puissance de fief, en vertu de leur seule qualité de seigneurs voyers, ou hauts justiciers.

« Mais la Puissance souveraine avait incontestablement le droit de prescrire aux riverains, de planter des lignes d'arbres le long des grandes routes , soit sur le sol de la route , soit sur leur propre terrain.

« Le législateur d'alors avait incontestablement le droit d'ordonner , qu'à faute par les riverains de faire cette plantation , elle serait effectuée, en leur lieu et place, par d'autres personnes.

« Et, en autorisant le seigneur local à l'opérer, il n'a fait que lui accorder une préférence, qu'il était certainement bien le maître de conférer à qui bon lui semblait.

« N'est-ce pas ce que fait encore aujourd'hui l'Autorité administrative , quand elle charge un entrepreneur de faire les plantations non opérées par les riverains, et à leurs dépens ?

Il n'y a de différence qu'en ce que, sous l'ancien régime, *le profit des arbres*, rien que ce profit, était attribué à celui qui avait planté au refus du riverain; tandis qu'aujourd'hui l'Etat, plantant ou faisant planter pour les riverains négligens , leur fait payer non-seulement les frais de plantation , mais encore *une amende* qui peut s'élever au double de ces frais : ce qui nous semble choquer toutes les idées d'ordre légal et d'équité.

« Concluons donc , sur ce point , qu'il est im-

possible de soutenir sérieusement , que la concession faite par les anciens édits aux ci-devant seigneurs, quant aux arbres par eux plantés en exécution de ces lois sur les terres des riverains , était
un privilége féodal, un attribut de féodalité,
dont les effets ont dû cesser avec la féodalité
même.

12. « On propose encore un autre argument.
On dit : il est de principe élémentaire, que tout
ce qui s'unit et s'incorpore à un fonds, appartient
au propriétaire de ce fonds, par *droit d'accession* ;
que la *propriété du sol* emporte la propriété du
dessus et du *dessous* (*Cod. civ. art.* 551, 552.);
que, notamment, si des plantations ont été faites
sur le terrain d'autrui, le propriétaire du fonds
peut, à son choix, ou contraindre celui qui a planté
à enlever ses arbres, ou bien *les conserver pour lui,*
en remboursant seulement les frais de plantation.
(*Id.* 555.)

13. « Fort bien ; mais ce principe n'est évidemment applicable, qu'au cas où ces arbres plantés
sur le terrain d'autrui, l'ont été sans le consentement du propriétaire, et sans autorisation de l'Autorité publique.
Or, ici, les plantations ne furent faites que d'a-
près une autorisation expresse de la puissance publique, et non pour l'unique avantage des planteurs ; elles furent faites pour une cause d'utilité
générale, dans l'intérêt de l'ordre social tout
entier.
« On peut même ajouter qu'elles furent faites *du
consentement* des propriétaires riverains.
« En effet, ne furent-ils pas avertis, ces riverains,

par des édits dont la promulgation valait signifi-
cation à chacun, qu'à faute par eux de planter
ainsi qu'ils en étaient requis, les plantations seraient opérées par le seigneur du lieu, lequel aurait le profit des arbres?

« Nonobstant cette interpellation, tels et tels riverains sont restés inactifs; ils ont préféré de
laisser faire la plantation par le seigneur. — Par
cela même, ils sont légalement présumés *avoir
consenti* à ce que la plantation fut faite par ce seigneur, et à ce que la propriété des arbres lui fut
dévolue.

14. «Cependant on insiste, et l'on revient à dire:
que le droit qui pouvait avoir été conféré aux ci-
devant seigneurs par les anciens réglemens, sur les
arbres par eux plantés le long des grandes routes
et sur les terres riveraines, a été, sinon expressément, au moins *implicitement* aboli par les lois
survenues depuis la Révolution, notamment par
la *loi du 28 août* 1792, et par le *décret impérial
du 16 décembre* 1811; puisque, d'une part, cette
loi de 92 n'admet que les *riverains* à émonder les
arbres des routes nationales, à les entretenir et à
les remplacer en cas de mort; puisque, d'autre
part, le *décret de* 1811 prononce généralement que
tous les arbres plantés jusqu'alors, *le long* desdites
routes, et *sur le terrain des propriétés particulières, sont reconnus appartenir aux particuliers*
ou *communes propriétaires du terrain;* puisque,
d'ailleurs, cette disposition du décret n'a pas été
modifiée par la *loi de* 1825, comme l'a été celle
relative aux arbres plantés *sur le sol des routes?*

15. « Nous en convenons; cet argument n'est

pas sans quelque apparence de force ; mais, en y réfléchissant, on ne tarde pas à reconnaître qu'il n'est rien moins que concluant.

« En effet, et d'abord, quant au *Décret d'août* 1792, il ne faut que le relire, pour se convaincre qu'il ne contenait qu'une disposition purement *provisoire et transitoire*, en attendant la loi qui avait été annoncée ; qu'il ne fit que *suspendre* provisoirement l'exercice du droit des planteurs, en attendant cette loi ; et qu'il n'entendit nullement abolir dès à présent et définitivement le droit des planteurs, pas plus que celui de la Nation sur les lignes d'arbres qui avaient été plantées par l'ancien Gouvernement.

16. « Quant au *Décret impérial de* 1811, il est bien vrai qu'il déclare textuellement que *tous les arbres plantés* jusqu'alors *le long des routes et sur le terrain des propriétés particulières ou communales, sont reconnus appartenir aux particuliers ou communes propriétaires du terrain.* »

« Mais, d'abord, un simple *décret du Pouvoir administratif* n'est pas une *loi* ; et jamais on n'a reconnu à ce Pouvoir, celui d'anéantir des lois, celui d'anéantir des droits de propriété légalement acquis.

« Nos diverses Constitutions lui ont donné, il est vrai, le pouvoir de faire des *réglemens* ; mais *de simple administration, et conformes aux lois.* Or, supprimer, révoquer des droits de propriété consacrés par d'anciennes lois, ce n'est plus administrer, c'est abroger ces lois mêmes ; et le *Pouvoir législatif* seul peut abroger, changer ou modifier des lois.

« Aussi, quand on a voulu abolir les droits,

même les plus odieux, résultant des anciennes lois, telles que les corvées, les banalités et autres droits féodaux; quand on a voulu changer l'ordre des successions, abolir les droits d'aînesse, les substitutions, etc.; ces abrogations ont-elles été prononcées par des lois expresses, revêtues de toutes les formalités législatives; et non par de simples décrets, arrêtés, ou ordonnances du Pouvoir exécutif.

17. « Au surplus, n'est-ce pas un principe du Droit et de la raison de tous les siècles, que lorsque telle disposition d'un réglement peut s'entendre, tout à la fois, dans un sens qui excède les pouvoir de celui qui l'a fait, et dans un sens qui n'excède pas ce pouvoir, et qui soit en même temps plus conforme à l'équité : c'est à ce dernier sens qu'il faut s'attacher de préférence.

« Eh bien! en relisant l'article dont il s'agit, on voit bien que l'auteur du decret déclare généralement que les arbres plantés sur le long des routes; *et sur le sol des propriétés riveraines*, sont reconnus appartenir aux propriétaires du terrain; mais il ne dit pas : *sans aucune exception quelconque;* mais il n'ajoute pas, *nonobstant tous titres contraires;* il n'ajoute pas, *sans aucun égard aux particuliers, autres que les riverains, qui auraient planté ces arbres, en vertu d'édits qui les y autorisaient, et qui leur en avaient garanti la propriété.*

« Le décret ne dit pas, surtout, *sans aucun égard aux droits des particuliers, auxquels l'ancien Gouvernement aurait concédé, à titre onéreux, les arbres plantés par lui-même, au défaut des riverains.*

« Et, dès-lors, que le décret n'exclut pas formellement ces exceptions, il y a lieu de les admettre; parce qu'elles sont de toute justice. Il est raisonnable de supposer qu'elles ont été dans l'esprit et l'intention de l'auteur de ce décret.

« Qu'il ait entendu renoncer aux lignes d'arbres plantées par l'ancien Gouvernement, et qui étaient devenues la propriété de l'Etat : cela se peut; cela se conçoit. Le nouveau Gouvernement était bien le maître de faire ce sacrifice, en faveur des propriétaires riverains, dont le sol avait nourri ces arbres.

« Mais était-il le maître de *donner*, de même, *ce qui ne lui appartenait pas ?* Non, certainement non.

« Une prétendue abrogation de droits de propriété légalement acquis, ne peut s'établir par de simples inductions. Il faut une révocation littérale, expresse.

« Et dès là que le décret de 1811 n'exprime pas littéralement que : seront reconnus appartenir aux riverains tous les arbres existans sur leur sol, *sans exception aucune, même ceux plantés par des tiers, en exécution des anciens édits* : il faut nécessairement tenir qu'une telle violation du droit des tiers, n'a pas été dans l'intention du décret, etc...»

18. ADDITION. — Postérieurement à la consultation ci-dessus transcrite, on m'a opposé, dans une consultation adverse, deux arrêts : l'un de la Cour royale de Paris, l'autre de la Cour de cassation, comme ayant prononcé sur la question, dans un sens contraire à l'opinion que nous avions embrassée.

L'objection était grave. Nous nous sommes procuré les textes de ces arrêts. Nous allons les rapporter ici; et l'on jugera si, en effet, il en résulte que notre opinion ne soit plus soutenable.

19. Voici, d'abord, l'espèce et la teneur de celui de la *Cour royale de Paris,* en date *du 6 janvier* 1829.

Un arrêt de l'ancien Conseil d'Etat, du 27 juillet 1781, avait concédé, moyennant finance, à Madame la comtesse *de Brionne,* les arbres d'une partie de la route de *Chartres,* plantés, aux frais du Gouvernement, le long de cette route, et sur le bord des terres riveraines, en conformité des édits et réglemens alors en vigueur.

En 1825, les propriétaires de ces terrains se disposent à abattre ces arbres. Ils en avaient déjà coupé plusieurs, après en avoir obtenu l'autorisation administrative. Madame la princesse *de Rohan,* héritière de Madame *De Brionne,* réclame et traduit les sieurs *Deshayes* et autres, devant le tribunal de *Chartres,* afin de restitution, dommages-intérêts et défenses.

Jugement qui rejette sa demande, par les motifs suivans :

« Attendu que la *loi du 5 décembre* 1814 n'a rendu aux émigrés que leurs biens invendus; — que les arbres dont il s'agit ne faisaient plus partie du Domaine de l'Etat, au moment de la rentrée en France de la comtesse *de Brionne;* — Qu'en effet, *en vertu de l'art.* 87 *de la* LOI *du* 16 *décembre* 1811, ces arbres sont devenus la propriété des particuliers, sur le terrain desquels ils étaient plantés....»

Appel de ce jugement. — Et, *le 6 janvier* 1829, Arrêt de la deuxième Chambre de la Cour royale de Paris, qui,

« Adoptant les motifs des premiers juges, met l'appellation au néant, etc. »

20. Ainsi, le motif du rejet de la demande fut

pris de la circonstance de *l'émigration* de Madame *de Brionne,* de la confiscation de tous ses biens, à l'époque du décret de décembre 1816; lequel avait disposé des arbres en question en faveur des riverains, et avait opéré, dès cette époque, une transmission de la propriété de ces arbres au profit des riverains; d'où il suivait que Madame de Brionne, ou son héritière, n'était pas recevable à réclamer lesdits arbres; *la loi du 5 décembre* 1814 n'ayant autorisé les émigrés à réclamer que ceux de leurs biens *non vendus,* et étant encore dans les mains de l'Etat.

Ainsi donc, sans cette circonstance de *l'émigration* de Mme de Brionne, son héritière eût gagné son procès. Ainsi donc, de l'arrêt ci-dessus il suit que si Madame de Brionne n'eût pas émigré; que si tous ses biens, et singulièrement les arbres en question, n'eussent pas été réunis au domaine de l'Etat, ces arbres n'eussent pas été déclarés transmis aux riverains par le décret de 1811; qu'au contraire, ils eussent été jugés appartenir à Mme de Brionne.

De cet arrêt de la Cour royale de Paris, on ne peut donc pas inférer qu'il a jugé que, par le décret de 1811, les riverains des grandes routes ont été universellement, et sans exception aucune, investis de la propriété des arbres plantés par les anciens seigneurs *le long* de ces routes, comme aussi de ceux qui, plantés par l'ancien Gouvernement, furent par lui concédés à des tiers, à titre onéreux.

Nous reconnaissons volontiers que, quant aux arbres qui étaient dans la main du Gouvernement impérial, à l'époque du décret de 1811, il était parfaitement le maître d'en faire *don* aux riverains. Mais toutes les notions de justice et de

morale nous disent qu'il n'était pas en son pouvoir
de *donner* de même, ceux qui, par les lois antérieures, avaient été déclarés la propriété de certains
individus, et qui n'en avaient pas encouru la confiscation.

21. Passons à l'arrêt de la *Cour de cassation.*
Voici l'espèce de cet arrêt :

Aux années 1782 et suivantes, après d'inutiles
réquisitions faites aux propriétaires des terres riveraines de la route de *Montmirail* à *Châlons-sur-
Marne*, de planter des arbres le long de cette
route, en conformité des réglemens alors existans,
M. le duc *de Boufflers*, seigneur des paroisses
d'Etoges, Loisy, Beaussay et autres, se détermina
à faire opérer lui-même, à ses frais, et en exécution de ces réglemens, les plantations prescrites,
dans l'étendue de sa seigneurie.

Et, depuis ce moment, lui et ses successeurs
furent considérés comme étant les seuls propriétaires des arbres ainsi plantés.

En 1825, un des riverains, le sieur *Lecourt*, fit
abattre une partie de ces arbres. — Réclamation
contre cette entreprise, par M. le comte *Guéhéneuc*,
acquéreur de la terre *d'Etoges* et dépendances,
lequel prétendait avoir seul droit à ces arbres, par
représentation de feu M. *de Boufflers*. — Instance,
à ce sujet, devant le tribunal civil *d'Epernay*, qui
déboute M. *Guéhéneuc* des fins de sa demande,
par le motif : que le décret impérial de décembre
1811 avait généralement attribué aux propriétaires
riverains le bénéfice des arbres anciennement
plantés en dehors des fossés de la route, et sans
aucune exception en faveur des tiers qui les auraient plantés.

Appel. — Arrêt de la Cour royale de Paris, qui confirme purement et simplement. — Recours en cassation.

7 juin 1827, ARRÊT de la *Chambre des Requêtes* qui rejette celle de M. Guéhéneuc, par les motifs suivans :

« Attendu qu'il est reconnu en fait, et non contesté, que les anciens seigneurs de la terre *d'Etoges*, aux droits desquels se trouve le sieur *Guéhéneuc*, ont planté les arbres, objets du litige ;

« Attendu qu'il est également reconnu en fait, et non contesté, que le sieur *Lecourt* est propriétaire du sol sur lequel les arbres avaient été plantés ;

« *Attendu que le décret du* 16 *décembre* 1811, *et la loi du* 12 *mai* 1825, *n'ont point abrogé le Décret du* 26 *juillet, ni la loi du* 28 *août* 1792 *;*

« *Que si l'art.* 7 *du décret du* 26 *juillet* 1790 *dispose que les arbres qui pourraient avoir été plantés par les ci-devant seigneurs sur les fonds mêmes des riverains, appartiendraient à ces derniers, en remboursant par eux les frais de plantation seulement ; il est vrai aussi que l'art.* 14 *de la loi du* 28 *août* 1792 *dispose que tous les arbres existans sur les chemins publics,* AUTRES QUE LES GRANDES ROUTES NATIONALES, *et sur les rues des villes, bourgs et villages, sont censés appartenir aux propriétaires riverains, qui peuvent les couper, sans être tenus d'en payer le prix, ni de donner aucune indemnité aux ci-devant seigneurs qui les auraient plantés ;*

« D'OU IL RÉSULTE *que les arbres, autres que ceux qui sont plantés sur les routes royales, appartiennent aux propriétaires du sol sur lequel ils croissent, n'importe ceux qui les ont plantés ! . . .*» (M. le conseiller *Deménerville*, rapporteur ; M. *Le*

4 *.

Beau, avocat général ; M. *Chauveau-Lagarde* fils, avocat.

22. Ainsi, comme on le voit, le rejet prononcé par la *Chambre des requêtes*, n'a pas été déterminé par le même motif que celui exprimé par les juges de première instance et d'appel ; savoir : que le *décret de* 1811 avait généralement attribué aux riverains les arbres plantés *en dehors des fossés des grandes routes*, et sans aucune exception en faveur des anciens seigneurs ou autres qui les auraient plantés.

Le rejet est uniquement fondé sur un raisonnement tiré du *décret du* 26 *juillet* 1790, combiné avec celui *du* 28 *août* 1792. — Et ce raisonnement consiste à dire :

Le *décret du* 26 *juillet* 1790, art. 7, autorise généralement les *riverains des chemins publics* à se mettre en possession des arbres *plantés sur leurs fonds* par les ci-devant seigneurs, en leur remboursant simplement les frais de plantation. — D'autre part, le *décret du* 28 *août* 1792 dit que tous les arbres actuellement existans *sur les chemins publics*, appartiennent de droit *aux riverains ;* et que, quant à ceux plantés par les ci-devant seigneurs *sur le terrain même des riverains*, ceux-ci pourront, à plus forte raison, en disposer, sans être tenus à aucune indemnité pour frais de plantation. — Et ces dispositions des deux décrets de 90 et 92 n'ont point été abrogées, ni par le décret de 1811, ni par la loi du 12 mai 1825. — Or, il s'agit ici d'arbres plantés sur un terrain appartenant au sieur *Lecourt*. — Donc, on a bien jugé en déclarant ledit *Lecourt*, *propriétaire* de ces arbres.

20. Nous sera-t-il permis de le dire ? ce raisonnement de l'arrêt nous semble pécher par sa base même.

Il s'appuye, en effet, principalement, sur le *décret du 26 juillet* 1790. — Mais ce décret était totalement étranger à l'espèce. Qu'on prenne la peine de le relire ; et l'on se convaincra, qu'uniquement relatif *aux chemins vicinaux*, ou ci-devant *seigneuriaux*, aux *chemins publics autres que les grandes routes* (ce sont les dispositions mêmes du décret) ; les dispositions qu'il renferme ne se rapportent qu'à ces sortes de chemins, aux arbres plantés *sur* ou *le long* de ces chemins.

Il est tellement étranger, inapplicable aux arbres des *grands chemins,* qu'il termine précisément par dire que, quant aux *chemins, dits royaux, il y sera statué* PAR UNE LOI PARTICULIÈRE.

Ce décret, après avoir déclaré supprimer tous les *droits de voierie seigneuriale,* après avoir dit que les ci-devant seigneurs ne pourront plus s'attribuer le droit de planter sur les chemins vicinaux ; que, néanmoins, ils conserveront ceux dont ils ont été jusqu'à présent réputés propriétaires (articles 1, 2, 3) ; ajoute, il est vrai, *art.* 7 : que les *riverains,* sur le fonds desquels il aura été planté, pourront s'approprier les arbres, en remboursant les frais de plantation.

Mais il est manifeste, par toute la teneur de l'article, qu'ici il ne s'agit encore que des arbres plantés *le long des chemins* VICINAUX , sur le bord des héritages contigus à ces chemins ; et nullement de ceux plantés le long des *routes royales.*

Les anciens seigneurs n'ont jamais eu droit de voierie sur les routes royales. Jamais ils ne prétendirent avoir le droit de planter le long des routes royales et sur le sol des riverains, en vertu de leur puissance féodale.

Ils n'eurent ce droit, avant la Révolution, et pendant deux siècles, qu'*en vertu d'une concession spéciale* qui leur en fut faite *par la Puissance souveraine;* et ce même article du décret de juillet 1790 ne porta pas la moindre atteinte à cette concession ; puisque, encore une fois, ce décret se borne à dire à la fin : « *qu'il sera statué par une loi particulière sur les arbres plantés* LE LONG *des chemins royaux* ». Renvoi qui comprend, bien évidemment, tout ce qui concerne les arbres des grandes routes, tant ceux plantés sur le sol même des routes, que ceux plantés sur le sol des riverains.

23. Quant au *décret du 28 août 1792*, il est bien vrai que, dans ses articles 14, 15 et 16, il porte une attribution formelle aux riverains, non-seulement des arbres *plantés sur leur terrain*, le long des chemins vicinaux, mais encore de ceux plantés *sur le sol même de ces chemins*, et sans être tenus à aucun remboursement de frais de plantation.

Mais dès-là que ces articles 14, 15 et 16, sont uniquement relatifs *aux arbres des chemins vicinaux*, aux arbres plantés SUR ou LE LONG *de ces chemins* AUTRES QUE LES GRANDES ROUTES (ce sont les termes); il est évident qu'ils sont *sans application aucune* au cas actuel, où il s'agit d'arbres plantés le long et pour l'utilité d'une *grande route*.

24. Dans le seul *article 18 du Décret d'août 92*, il est question des *arbres des grandes routes*; et il est encore vrai que, par cet article, les fruits, les élagages et les bois-morts de ces arbres, sont attribués aux riverains ; sans distinction de ceux plantés sur le sol même de la route, et de ceux plantés *le long*, et sur la rive du champ contigu.

Mais ce qui démontre clairement qu'alors le législateur n'entendait pas considérer les riverains comme *propriétaires* des arbres plantés le long des routes, sur leurs fonds, c'est qu'il ne leur en accorde pas la libre disposition ; c'est qu'il ne leur accorde que les fruits, les élagages, à charge d'entretenir ; le tout, par mesure provisoire, *jusqu'à ce qu'il ait été statué*, est-il dit ; c'est qu'il leur défend expressément d'*abattre* lesdits arbres, et de *se les approprier*.

25. En définitive, nous sommes forcés de l'avouer, il nous est impossible de comprendre comment on a pu conclure de ce *décret d'août* 92, et de celui de juillet 90, *qu'il en résultait* que les propriétaires *riverains* des grandes routes, avaient été, dès cette époque, *investis de la pleine propriété des arbres plantés le long de ces routes sur leur propre terrain*, et que ces décrets n'ayant été abrogés par aucune loi postérieure, la décision attaquée par le demandeur en cassation, se trouvait suffisamment justifiée...

26. Nonobstant les deux arrêts ci-dessus discutés, la question dont il s'agit, nous semble donc encore entière ; et si on veut ne la résoudre que d'après les saines maximes du Droit et de l'équité, en respectant les droits légalement acquis, et ne donnant point aux lois de la révolution une extension forcée, la solution sera en faveur des *anciens planteurs*.

CHAPITRE VI.

Que faut-il entendre par le TERRAIN DE LA ROUTE, *les* FOSSÉS DE LA ROUTE *? — Quelle est l'Autorité compétente pour statuer sur les contestations qui peuvent s'élever à cet égard ?*

---

1. La *Loi du 9 ventôse an 13* a dit : « Les plantations seront faites *dans l'intérieur de la route et sur le terrain appartenant à l'Etat*, avec un *contre-fossé*, etc. » *(Art. 2.)*

Le *Décret de 1811* dit, article 86 : « Les arbres plantés *en dedans des fossés et sur le terrain de la route*, sont reconnus appartenir à l'Etat, etc. »

L'*art.* 87 : « Tous les arbres plantés, jusqu'à la publication du présent décret, *le long desdites routes et sur le terrain des propriétés particulières ou communales*, sont reconnus appartenir *aux propriétaires du terrain.* »

L'article 90 ajoute : « Les plantations seront faites à la distance d'*un mètre du bord extérieur des fossés*, etc. »

La LOI *du 12 mai 1825* porte, Art. 1ᵉʳ : « Les arbres actuellement existans *sur le sol des routes royales*, seront reconnus appartenir aux particuliers qui justifieront, etc. »

2. Mais, que doit-on entendre par le *sol de la route*, le *terrain de la route*, le *fossé* ou *contre-fossé de la route* ?

Rien de plus facile que de répondre, tout d'abord :

c'est le sol faisant partie de la route ; c'est le terrain contenu entre les deux limites collatérales de
cette route. — C'est le *fossé* ou *contre-fossé* pratiqué *sur ce terrain*, qui le sépare du terrain contigu.

3. Mais il n'est pas toujours très-facile de distinguer le terrain appartenant à la route et en faisant partie, d'avec celui appartenant au propriétaire riverain.

Le plus souvent la limite séparative n'est mar-
quée par aucun indice certain. Très-souvent il
n'y a aucun fossé qui les sépare ; et, lorsqu'il existe
un fossé, soit en deçà, soit au-delà des arbres, il y a
souvent dissidence sur le point de savoir à qui appartient ce fossé ; s'il a été fait sur le sol primitif
de la route, ou en dehors et sur le sol de l'héritage limitrophe.

Très-souvent il est arrivé que le fossé originairement pratiqué sur le sol de la route, et en deçà
de la rangée d'arbres plantés sur la terre riveraine,
a été ensuite reporté par les agens des ponts et
chaussées *au-delà* de cette ligne d'arbres. Serait-il
juste de décider, dans ce cas, que les arbres appartiennent à l'Etat, par la seule raison qu'ils sont *en
deçà* du fossé existant ?

4. A cet égard, M. *Jacquinot de Pampelune*,
rapporteur de la Commission chargée de l'examen
du projet de la Loi promulguée sous la date *du
12 mai* 1825, s'exprimait ainsi, séance du 30 juin
1824 :

« On eût désiré que l'article 1er énonçât positivement ce qu'il faut entendre par *le sol des routes*,
et fixât d'une manière précise les *limites de cette
propriété de l'Etat.*

La Commission a pensé qu'il était impossible

d'établir des *règles uniformes* sur ce point; que si, dans la plus grande partie des routes, c'est la crête extérieure du fossé qui forme la limite de la propriété publique, cette règle n'est pas absolument invariable; qu'il est certains départemens dans lesquels la limite du grand chemin est une haie vive; en telle sorte que s'il existe un fossé au-delà de cette haie, il peut avoir été creusé *sur la propriété et pour l'utilité du riverain;* qu'il est d'ailleurs beaucoup de routes *qui n'ont pas de fossés;* et que, dès lors, il y a nécessité de laisser subsister dans l'article 1er ces expressions : « *sur le sol des routes royales* »; expressions qui, suivant les localités, continueront d'être appliquées et déterminées *par l'Administration, seule juge en matière de grande voierie*, etc. »

5. **Nous** sommes entièrement de l'avis de M. le rapporteur : qu'il était impossible d'établir des règles uniformes et invariables sur les arbres qui devront être tenus pour plantés *en dedans du sol* des routes, comme aussi sur *les fossés* qui devront être jugés en faire partie; attendu qu'il peut se présenter à cet égard une grande diversité de cas et des circonstances particulières.

Mais nous ne pouvons admettre : que toutes les fois qu'il y aura sur ce point dissidence entre *l'Administration* et les riverains, ce soit l'*Autorité administrative* qui doive seule être appelée à juger ce différend. Ce serait la rendre juge d'une *question de propriété*, et dans sa propre cause ! ce qui répugne à toutes les idées de compétence légale, à nos maximes les plus sacrées en matière de jurisdiction.

6. « *L'Administration est seule juge en matière*

de grande voierie » ; — Oui, quand il n'est en effet
question que d'une opération administrative de
grande voierie ; comme d'ordonner l'ouverture ou
le redressement d'une route dans tel ou tel sens ;
l'alignement de telle construction ou plantation
le long de cette route ; alors encore qu'il s'agit
de fixer la dimension ou largeur de telle route
nouvelle ; alors encore qu'il s'agit de savoir si
tel ouvrage de route a été bien ou mal confec-
tionné.

Mais, à l'occasion de telle rangée d'arbres existans le long d'une grande route, dont un riverain
et l'Administration se disputent la propriété, l'Administration allègue, à l'appui de sa prétention,
que ces arbres sont plantés sur le sol même de la
route. Le riverain affirme au contraire qu'ils sont
en dehors du sol de la route et sur son propre terrain. Il n'y a point de fossé qui marque d'une manière certaine la largeur de la route ; ou, s'il en
existe un, il est lui-même un objet de litige entre
l'Administration et le particulier : — Or, bien certainement, dans ce cas, il ne peut appartenir à l'Administration de statuer sur ce litige ; parce que,
encore une fois, il s'agit là d'une *question de propriété,* entre l'Administration et le particulier ; et il
répugnerait à nos principes constitutionnels, ainsi
qu'à toutes les convenances morales, que l'Autorité
administrative, partie intéressée, partie litigante,
s'attribuât le pouvoir de prononcer, comme juge,
sur un tel débat.

7. L'opinion que nous osons émettre ici, en opposition à celle d'un magistrat aussi éclairé et
aussi généralement estimé, nous semble consacrée
par le texte même d'une disposition précise de la
Loi du 12 *mai* 1825, portant :

« *Les contestations* qui pourront s'élever entre l'Administration et les particuliers, *relativement à la propriété des arbres* plantés sur le sol des routes, seront portées *devant les Tribunaux ordinaires.* — Les droits de l'Etat y seront défendus, à la diligence de l'*Administration des Domaines.* »

A la vérité, l'article suppose ici qu'il s'agit d'un différend où il n'est pas contesté que les arbres litigieux *existent sur le sol de la route*, et qu'il n'y a contestation que quant à la *propriété* de ces arbres, réclamés par un particulier soutenant que c'est lui qui les a plantés en exécution des anciens réglemens.

Mais si, alors même qu'il ne s'agit que de la propriété des arbres seulement, et non de celle du fonds sur lequel ils sont plantés, le législateur a voulu que les tribunaux ordinaires pussent seuls résoudre la question; à combien plus forte raison n'est-il pas évident qu'il a voulu, que les seuls tribunaux fussent appelés à prononcer, quand il s'agira tout à la fois de la propriété des arbres et de la propriété du fonds?

Toutes les lois concernant le Domaine de l'Etat n'ont-elles pas généralement statué : qu'aux seuls Tribunaux ordinaires, il appartient de juger les contestations entre la *Régie des Domaines* et les particuliers, où il s'agit de savoir si tel ou tel fonds fait, ou non, partie du Domaine public? — Voir notamment *l'article 27 de la loi du 14 ventôse an 7*, et *l'article 69 du code de procédure*, n° 1.)

8. Pour être fondé à soutenir que la connaissance d'une telle question appartient à l'Administration, il faudrait pouvoir citer une loi spéciale, qui, dérogeant au Droit commun, à l'ordre constitutionnel des juridictions, eût formellement en-

levé aux Tribunaux ordinaires cette connaissance,
pour l'attribuer à l'Autorité administrative. Or, on
ne trouvera nulle part cette loi exceptionnelle.

9. Alléguerait-on l'article 4 de la *Loi du 28 pluviôse an VIII,* portant : « *Les conseils de préfecture
prononceront sur........ les difficultés qui pourront
s'élever en matière de grande voierie ?* »

Mais cette disposition, qui n'est que la reproduc-
tion d'une loi de 1790 sur la grande voierie, doit
certainement s'entendre dans le même sens. Or,
voici ce que portait cette loi *du 11 septembre*
1790 :

« *L'administration,* en matière de grande voierie, *appartiendra aux corps administratifs ;* et *la
police de conservation,* tant pour les *grandes routes,* que pour les chemins vicinaux, *aux juges de
district.* »

A quoi une autre loi (du 14 octobre suivant)
ajouta :

« *L'Administration,* en matière de grande voierie, comprend, dans toute l'étendue du royaume,
l'*alignement* des rues des villes, bourgs et villages,
servant de grandes routes. »

Evidemment, ni l'une ni l'autre de ces lois ne
confère à l'Autorité administrative le pouvoir de
juger les questions de propriété qui peuvent s'é-
lever entre l'Administration et les riverains des
grandes routes.

10. Citerait-on celle *du 29 floréal an X,* inti-
tulée *Loi concernant les contraventions en matière
de grande voierie,* laquelle ordonne que *toutes anticipations et détériorations commises sur les gran-*

des routes , seront *poursuivies et réprimées* PAR VOIE ADMINISTRATIVE. »

Cette citation vient ajouter un argument de plus à l'appui de notre opinion.

Pour enlever la connaissance de cette classe de délits aux tribunaux ordinaires de police, il a fallu porter une loi expresse, une loi exceptionnelle.

Or, la loi exceptionnelle de floréal an X , uniquement relative à certains délits spécialement déterminés, ne comprend aucunement les questions de propriété des arbres des grandes routes , non plus que les questions de propriété qui peuvent s'élever concernant la lisière ou bordure de ces routes.

Encore une fois, toutes questions de propriété , même entre l'Etat et les particuliers , même quand il s'agit de savoir si telle lisière de terre fait partie du sol d'une grande route, sont essentiellement du ressort des tribunaux ordinaires ; sauf les mesures provisoires qu'il peut y avoir lieu de prendre, par les préfets, dans l'intérêt public, pour la sûreté et viabilité de la route.

C'est ce que le Conseil d'Etat lui-même a proclamé nombre de fois, notamment le 26 *mai* 1824, dans l'affaire du sieur *Guesnon.*

« Considérant que, soit devant le conseil de préfecture, soit devant Nous, le sieur Guesnon *a élevé la question de propriété du terrain en litige ; que, par conséquent , la contestation est de la compétence des tribunaux ordinaires,* etc. . . . . . »

11. Il est inutile d'ajouter que lorsque la contestation existe entre deux particuliers, relativement à la propriété de certains arbres plantés *sur* ou *le long* de certaines routes, la compétence des tribunaux est également indubitable et hors de toute controverse.

CHAPITRE VII.

En quoi consiste le Droit de propriété des Particuliers, sur les Arbres plantés SUR *ou* LE LONG *des Grandes-Routes ?*

---

1. Des différentes lois et des divers réglemens rapportés jusqu'ici, il résulte manifestement que la propriété attribuée en certains cas aux particuliers sur cette classe d'arbres, n'est pas une propriété entière, parfaite, absolue, comme l'est celle des arbres d'un bois, d'un verger, d'un jardin privé.

Ce n'est évidemment qu'une propriété imparfaite, restreinte, modifiée, sujette à des conditions et servitudes plus ou moins gênantes et onéreuses.

2. L'Ordonnance de 1579, après avoir enjoint aux riverains des grands chemins, de les planter d'ormes et autres arbres, se contentait de dire en général que ces arbres *leur appartiendraient.*

L'Edit de 1583 ajouta : « et où aucuns desdits arbres périraient, seront tenus en replanter d'autres : *les fruits desquels arbres appartiendront respectivement auxdits propriétaires.*

Le Réglement de 1720 dit en termes plus précis: « Et, en ce cas, *les arbres* par eux plantés, et les *fruits* d'iceux, *leur appartiendront.* »

Ce qui semblait emporter une propriété absolue, une entière liberté, pour le propriétaire, d'élaguer, d'abattre et de disposer, à la charge de remplacer.

3. Ce sont les lois intervenues depuis la Révolution, qui ont apporté de grandes restrictions à cette propriété.

En effet, d'abord, la *Loi du 28 août* 1792, comme on l'a vu ci-devant, commença par suspendre l'effet des lois anciennes, en interdisant provisoirement à tous individus quelconques, même à ceux qui jusqu'alors avaient été reconnus propriétaires des arbres existans sur les grandes routes, la faculté de les abattre et de se les approprier. — Les *fruits* seulement de ces arbres, et les *bois morts*, sont provisoirement attribués aux riverains, à la charge d'entretenir ; mais il leur est défendu de faire aucun élagage, sans une autorisation des Corps administratifs ; et il leur est enjoint, en cas de mort de quelques-uns, de les *remplacer*.

Survient ensuite la *Loi du 9 ventôse an XIII* (28 février 1805), qui prescrit, qu'à l'avenir, les plantations seront faites *sur le sol même des routes, par les riverains,* et que ces riverains *auront la propriété des arbres;* mais elle ajoute aussitôt, qu'*ils ne pourront les couper, abattre ni arracher,* qu'après une *autorisation* expresse de l'Administration, et à la charge de *remplacement*.

Puis, vient le grand *Décret impérial de décembre* 1811, qui ordonne de rechef, que les routes seront plantées par les propriétaires riverains, mais *en dehors* de la route ; et que ces riverains *demeureront propriétaires des arbres* (88 , 89 , 90); tant de ceux plantés par eux-mêmes, que de ceux plantés pour leur compte et à leurs frais par l'Administration.

Mais, après cette déclaration formelle de propriété en faveur des riverains, le Décret ajoute les restrictions et charges suivantes :

1°. Que tous arbres quelconques des grandes routes, même ceux plantés *antérieurement* au décret, soit sur le terrain de la route, soit sur les terres riveraines, *ne pourront être coupés ni arrachés* par ceux en ayant la propriété, qu'après une *autorisation*, et toujours *à charge de remplacement immédiat.* (99.)

2°. Que même le simple *élagage* de ces arbres ne pourra avoir lieu, qu'en vertu d'un arrêté du préfet, rendu sur rapport des ingénieurs (102), aux époques et suivant les indications contenues dans l'arrêté, et sous la surveillance des agens des ponts et chaussées (105).

A quoi la *Loi du 12 mai 1825* a encore ajouté, que « *ces arbres* (ceux reconnus appartenir à des particuliers) *ne pourront être abattus*, que lorsqu'ils donneront des *signes de dépérissement*, et après une permission de l'Administration ; — Qu'une permission de l'administration sera également nécessaire pour en opérer *l'élagage.* »

4. D'après ces différens textes, qu'il était bon de rapprocher, il est manifeste que la *propriété* reconnue et proclamée en faveur de certains particuliers, quant aux arbres des grandes routes, n'est rien moins qu'une propriété pleine et absolue, qui leur donne le droit d'en disposer à leur gré, de les couper et élaguer quand bon leur semble, comme l'on fait ordinairement des arbres dont on est réellement *propriétaire*.

5

Vous voyez qu'au contraire les particuliers ne peuvent y toucher, ni les couper, ni même les élaguer, qu'après avoir obtenu des préfets une permission spéciale à cet effet; permission qu'il est quelquefois assez difficile d'obtenir, surtout lorsqu'on demande celle d'*abattre* ; puisqu'alors, suivant la loi du 12 mai 1825, elle ne doit être accordée que pour les arbres *donnant des signes de dépérissement,* et à la charge de les remplacer immédiatement.

En sorte que ce n'est qu'au bout d'un siècle environ, que le propriétaire qui plante le long d'une grande route, peut espérer d'être indemnisé, et bien mparfaitem ent, de ses frais de plantation, d'entreitien, et du dommage toujours croissant causé chaque année à ses récoltes par la présence des arbres qui bordent son champ.

De là les retards, la répugnance, que les riverains des grandes routes ont toujours montrée à effectuer les plantations qui leur étaient commandées.

CHAPITRE VIII.

Si l'Action possessoire , appelée CÓMPLAINTE *ou* RÉINTÉGRANDE, *peut avoir lieu; relativement aux Arbres des grandes routes?*

1. L'ACTION appelée *complainte* a pour objet la simple maintenue provisoire dans la jouissance d'une chose immobilière, dont on soutient avoir la possession depuis un certain nombre d'années, notamment *depuis an et jour*, et dans laquelle on se voit *troublé*.

L'action appelée *réintégrande* tend à obtenir la *réintégration* provisoire dans une chose dont on jouissait, et dont on a été subitement *dépossédé* par violence ou voie de fait.

Le principe de ces deux actions parallèles est : que celui qui jouissait publiquement et paisiblement, depuis une année au moins, comme propriétaire, doit être présumé légitime propriétaire en effet, jusqu'à la preuve du contraire ; et la maintenue ou réintégration lui est provisoirement accordée, dans l'intérêt de la paix publique ; en attendant que l'individu qui l'a troublé ou dépossédé, rapporte la preuve que c'est lui qui est le vrai propriétaire.

D'où l'on voit déjà que, pour que cette sorte d'action puisse avoir lieu, il faut qu'il s'agisse d'une chose susceptible d'être possédée comme *propriété privée*.

D'où la conséquence, par exemple, qu'on ne pourrait l'exercer pour raison d'une place plus ou moins grande qu'on prétendrait avoir occupée sur le sol d'une *rue*, d'une *route*, d'un *quai*, d'un *pont*, d'une promenade publique : ces choses n'étant pas susceptibles d'être possédées à titre de propriété par aucun individu.

Mais on a vu, dans les chapitres précédens, que des *arbres* sont très-susceptibles d'être possédés *propriétairement*, même alors qu'ils sont plantés sur les grandes routes.

De l'ordonnance de Blois et édits postérieurs, de la loi du 9 ventôse an 13, et de celle du 12 mai 1825, il résulte positivement, que tels et tels particuliers peuvent très-bien être propriétaires de certaines lignes d'arbres plantés *sur le sol même des routes,* bien qu'ils ne soient pas propriétaires de ce sol ; et, des arbres, tant qu'ils sont adhérens à la terre, sont essentiellement immeubles.

Il ne peut donc être aucunement douteux que l'*action possessoire* peut être utilement exercée, pour raison d'arbres existans, soit sur le sol même des routes, soit, et à plus forte raison, en dehors et le long de ces routes, de la part du particulier qui en aurait joui, comme propriétaire, pendant le temps requis, et qui se verrait troublé dans cette jouissance.

La loi d'août 1790, sur l'organisation judiciaire, titre 3, article 3 ; le nouveau Code de procédure civile, titre 1er., article 3, disposent textuellement que l'action possessoire peut être intentée pardevant le juge-de-paix, « *pour usurpation d'*ARBRES, *haies et fossés, commise dans l'année.* »

2. Supposons donc, par exemple, un particulier qui a eu pendant nombre d'années la possession d'une rangée d'arbres bordant telle route, et qui se voit tout-à-coup troublé dans cette possession par un autre particulier qui s'est permis d'en couper ou ébrancher plusieurs.

Il pourrait bien le faire citer au tribunal de police correctionnelle, pour le faire condamner à l'amende et à des dommages-intérêts. Mais si l'on présume que cet individu ne manquera pas d'alléguer qu'il est *propriétaire* de ces arbres, et qu'il n'a fait qu'user de son droit : auquel cas le tribunal de police serait tenu de suspendre, et de renvoyer les parties à se faire juger préalablement sur la question de propriété ; on fera mieux de citer tout simplement, *au possessoire*, devant le juge-de-paix du canton, attendu que si le seul fait de la *possession* est dûment établi, le juge de paix devra tout d'abord *maintenir le possesseur*, sans s'inquiéter de la *propriété*.

Quant à la *possession*, qui doit être prouvée pour avoir droit à la maintenue provisoire, on sait qu'il faut qu'elle ait été *paisible*, à titre *non précaire*, et *pendant une année au moins avant le trouble*. (Ordonn. de 1667, tit. 16, art. 1er. — Code de Pr. civ., tit. 1er. art. 23.)

Mais, comment prouver une telle possession, à l'égard d'arbres existans sur une grande route ; qui, par conséquent, ne sont pas possédés corporellement ; qu'on ne cultive pas non plus ; qu'on n'exploite pas, qu'on ne récolte pas annuellement, comme on fait d'un champ, d'un pré, d'une vigne, d'un jardin ?

A l'égard de ces derniers objets, la possession *annale* peut facilement s'établir par le témoignage des hommes qui les ont cultivés, ensemencés, travaillés, récoltés, dans le cours de la dernière année.

Mais, ici, il s'agit d'arbres depuis long-temps plantés, dont on ne laboure le pied que rarement, qu'on n'émonde, qu'on n'ébranche qu'à de longs intervalles ; que l'on ne coupe qu'une seule fois, et quand ils dépérissent de vieillesse.

Cependant, la preuve d'une possession utile, à l'égard de tels arbres, n'est pas impossible, en réunissant plusieurs années pendant lesquelles différens actes de jouissance auraient eu lieu.

Car, s'il est de principe que, pour *acquérir* la possession d'une chose, il faut tout à la fois le fait d'une occupation réelle et l'intention de la posséder pour soi ; il est de principe aussi, qu'une fois la possession *acquise,* elle se continue de droit, et qu'il suffit de la seule intention de la conserver. « *Adipiscimur possessionem corpore et animo ;* — *Solo animo retineri potest.* » (D. , *De Acquir. Possess.* , l. 3. — C. l. 4.)

Ainsi donc, en fait d'arbres, il n'est pas précisément nécessaire que celui qui prétend en avoir la possession et qui réclame la maintenue, fasse preuve que pendant l'année même qui a précédé le trouble, il les a plusieurs fois labourés, soignés, émondés ou ébranchés. N'eût-il rien fait de cela dans le cours de cette dernière année, il n'aura pas moins droit à la maintenue possessoire, si d'ailleurs il prouve que, dans les années antérieures, il avait fait *publiquement, paisiblement, et à titre non précaire,* tous les actes de possession dont de tels biens sont susceptibles. (*Voy.* notre Traité des QUESTIONS POSSESSOIRES, *ch.* 2.)

3. Mais, supposons aussi le cas où ce possesseur serait troublé , non par un particulier se disant propriétaire , mais par un agent de l'Administration des ponts et chaussées, ou de telle autre administration publique.

D'après le principe, jusqu'ici maintenu, qu'aucun administrateur ni agent du gouvernement ne peut être traduit devant les tribunaux, *pour raison de ses fonctions,* qu'après autorisation du gouvernement même ; il pourrait y avoir du danger à citer immédiatement l'auteur du trouble, par voie de complainte judiciaire, devant le juge de paix. Il sera plus prudent de commencer par adresser un mémoire de représentations à l'officier supérieur de cet agent, soit le Préfet , soit le Ministre.

4. Toutefois, supposons encore le cas où la personne qui a la possession d'une ligne d'arbres sur une grande route, est troublée dans cette jouissance par un *Maire* de Commune.

Ici, il faut distinguer : Ce maire a-t-il agi comme délégué de l'Administration publique, comme agent du Gouvernement ? Il ne pourra être cité directement, pour ce fait, devant aucun juge. — A-t-il agi simplement dans l'intérêt de sa Commune, par le motif que c'est sa commune qui a droit à ces arbres? Alors, il peut très-bien être cité, *au possessoire,* devant la justice de paix ; car, alors, il n'est qu'un simple particulier, que le mandataire des habitans de sa commune. Il a été statué plusieurs fois par le Conseil-d'Etat, que les communes peuvent être valablement citées, en la personne de leurs maires, *soit au pétitoire, soit au possessoire,* à raison d'un *droit de propriété ;* sans qu'il soit besoin d'une autorisation préalable. (M. *de Cormenin,* Quest. de Dr. admin., *t.* 1, *p.* 338.)

CHAPITRE IX.

Dispositions pénales, contre les Riverains contrevenant aux obligations qui leur sont prescrites.

---

1. On a déjà vu ci-devant (n° 38 du ch. 1er.), que, suivant le *Décret impérial* de 1811, le riverain qui manque à effectuer la plantation qui est à sa charge, s'expose à être condamné, non-seulement à rembourser les frais des arbres plantés pour lui

par l'Administration, mais, de plus, à une amende *d'un franc par chaque pied d'arbre* qu'il aurait dû planter. (97.)

2. On a vu, de plus, que, suivant *l'article* 101 du même Décret, « *tout propriétaire qui sera reconnu avoir coupé, sans autorisation, arraché ou fait périr les arbres plantés sur son terrain,* sera condamné à une *amende égale à la triple valeur de l'arbre détruit.*

3. Suivant *l'article* 105, celui qui aurait simplement fait ÉLAGUER, sans permission, les arbres à lui appartenans, est passible des mêmes condamnations, que l'étranger coupable d'avoir endommagé les arbres des routes publiques.

Et, suivant la Loi *du 28 septembre — 6 octobre* 1791, concernant la police rurale :

« *Quiconque aura coupé ou détérioré les arbres plantés sur les routes,* sera condamné à une *amende triple de la valeur des arbres.* » (Art. 43.)

4. Le Décret ajoute ensuite (art. 108) : « *Toutes condamnations,* aux termes des articles 97, 101 et 105 du présent, *seront poursuivies et prononcées comme en matière de grande voierie.* »

5. Or, voici ce que le même décret ordonne, dans un titre particulier, sous la rubrique :

« *Répression des Délits de Grande Voierie.*

« Art. 112. A dater de la publication du présent décret, les cantonniers, gendarmes, gardes-champêtres, conducteurs des ponts et chaussées, et autres agens appelés à la surveillance de la police des routes, pourront affirmer leurs procès-verbaux de contraventions ou de délits, devant le maire ou l'adjoint du lieu.

« 113. Ces procès-verbaux seront adressés au *Sous-préfet, qui ordonnera sur-le-champ*, aux termes des articles 3 et 4 *de la Loi du* 29 *floréal an* 10 (1), la réparation des délits par les délinquans, ou à leur charge, *s'il s'agit de dégradations, dépôts de fumiers, immondices ou autres substances;* et il en rendra compte au *Préfet*, en lui adressant ses procès-verbaux.

———————————

(1) Voici le texte entier de cette Loi du 29 floréal an 10 :

« ART. 1er. *Les contraventions en matière de grande voierie,* telles que *anticipations, dépôts de fumiers*, ou autres objets , et toutes espèces de *détériorations* commises sur les *grandes routes,* sur les *arbres qui les bordent*, sur les *fossés*, *ouvrages d'art* et *matériaux* destinés à leur entretien : sur les canaux, fleuves et rivières navigables, leurs chemins de hallage, francs bords, fossés et ouvrages d'art; — seront *constatées*, *réprimées et poursuivies par voie administrative.*

« 2. Les contraventions seront constatées concurremment par les maires ou adjoints, les ingénieurs des ponts et chaussées, leurs conducteurs, les agens de la navigation, les commissaires de police, et par la gendarmerie. — A cet effet, ceux des fonctionnaires ci-dessus désignés qui n'ont pas prêté serment en justice, le prêteront devant le préfet.

« 3. Les procès verbaux des contraventions seront adressés au *sous-préfet;* qui ordonnera, *par provision*, et sauf le recours au *préfet*, ce que de droit, pour faire cesser les dommages.

« 4. Il sera statué définitivement, en Conseil de préfecture. — Les arrêtés seront exécutés, sans *visa* ni mandement des tribunaux, nonobstant et sauf tout recours. — Les individus condamnés seront contraints, par l'envoi de garnisaires et saisie de meubles, en vertu desdits arrêtés, qui seront exécutoires et emporteront hypothèque. »

« 114. Il sera statué, sans délai, par les Conseils de préfecture, tant sur les *oppositions* qui auraient été formées par les délinquans, que *sur les* AMENDES *encourues par eux ;* NONOBSTANT *la réparation du dommage.*

« Seront, en outre, *renvoyés à la connaissance des Tribunaux,* les violences, vols de matériaux, voies de fait, et *les réparations de dommages réclamées par des particuliers,* etc. . . . . . »

(Par ces mots : NONOBSTANT *la réparation du dommage,* de l'article ci-dessus, on a sans doute entendu dire : *indépendamment.* . . . . . »

6. Nous allons maintenant, pour complément des lois et réglemens ci-devant rapportés, présenter une série d'Arrêts notables sur différens cas relatifs aux arbres et plantations des *grandes routes.*

CHAPITRE X.

ARRÊTS *sur différens cas relatifs aux Arbres et Plantations des Grandes Routes.*

---

19 avril 1809. — Communes de MALINES et de MUYSEN.

1. *Arbres d'une route, que se disputent deux Communes. — Question de Propriété. — Compétence.*

« Considérant que le Conseil de préfecture du département de *la Dyle* n'avait pas à examiner si le droit réclamé par la commune de *Malines* avait été, ou non, aboli par les lois qui ont supprimé la féodalité; — Que cette question étant relative à la *propriété*, elle était du ressort des *tribunaux*; — Que ce Conseil devait donc se borner à décider s'il y avait lieu à renvoyer les deux communes devant les tribunaux, pour être fait droit sur leurs prétentions respectives, etc. . . . . »

13 novembre 1809. — DECHAMPNEUF. — Commune de MIGRON.

Grande Voirie. Autorité des Sous-Préfets. — Exécution provisoire. — Question de Propriété.

A l'occasion de plantations que le sieur *de Champneuf* avait faites le long d'un islot de la Loire, le Sous-Préfet de *Paimbeuf* avait pris un arrêté qui en ordonnait la suppression. — Pourvoi au Conseil d'Etat, tant contre cet arrêté, que contre un autre du Préfet qui décidait que cet islot n'appartenait pas au réclamant. — 12 novembre 1809. Ordonnance qui, — « Considérant que le Préfet de la Loire-Inférieure, en décidant que le sieur Dechampneuf n'avait pas la propriété de l'islot qu'il réclamait, a jugé une question qui n'appartient qu'aux tribunaux. — Que la Loi du 29 floréal an 10 attribue aux Sous-Préfets la connaissance des contraventions en matière de grande voierie, et *le droit de faire exécuter provisoirement leurs ordonnances*, sauf le recours aux Préfets : — 1. L'arrêté du Préfet, du....., est annulé, comme incompétent; sauf au sieur Dechampneuf à se pourvoir devant les tribunaux sur la question de propriété, s'il s'y croit fondé. — 2. Le pourvoi dudit Champneuf contre l'arrêté du Sous-Préfet de Paimbeuf est rejeté; sauf également au requérant à se pourvoir devant le

Préfet, contre l'arrêté du Sous-Préfet, conformément à la loi du 29 floréal an 10. »

29 mai 1813. — Les sieurs VANZELER, FLAMEN.

Ancienne Concession, faite par le Gouvernement, d'Arbres plantés, a ses frais, sur une grande route.

(Voir ci-devant, chap. 4, p. 5o.)

14 septembre 1814. — Le sieur MAHISTE.

2. *Dommages causés aux Arbres des grandes routes par les Ouvriers d'un Entrepreneur. — Amende. — Compétence.*

Un Arrêté du Conseil de préfecture du département de *la Seine* avait condamné le sieur *Mahiste* à une amende de 639 fr., pour dommages faits par ses ouvriers à plusieurs arbres d'un boulevart de Paris. Il en demanda l'annulation au Conseil d'Etat; — Mais, « Considérant que le délit reproché au sieur Mahiste est prévu par la Loi *du 6 octobre* 1791 (sur la Police rurale), qui fixe l'amende au triple de la valeur des arbres détériorés ; et que le pouvoir d'appliquer l'amende est conféré à l'Autorité administrative par la loi du 29 floréal an 10 ; » — Le Conseil d'Etat a rejeté la requête dudit entrepreneur, sauf son recours contre les auteurs du dommage.

20 novembre 1816. — Le sieur ENCELAIN.

3. *Abattage, sans autorisation, d'Arbres plantés sur le fonds d'un particulier riverain, le long d'une Route départementale. — Amende encourue, modérée.*

Par arrêté du Conseil de préfecture du département de l'*Aisne*, le sieur *Encelain*, propriétaire à *Chartève*, arrondissement de Château-Thierry, avait été condamné à une amende de 486 fr., pour avoir abattu, sans autorisation préalable, neuf corps d'arbres plantés sur son fonds, et bordant la route départementale, n° 8. — Sur son recours au Conseil d'Etat, Ordonnance du 20 novembre 1816, qui, attendu des circonstances atténuantes, prononce ainsi : — «L'arrêté du. . . . . est confirmé, en ce qu'il impose au sieur *Encelain* une amende pour contravention au décret du 16 décembre 1811 ; et, néanmoins, ladite amende est modérée à la somme de 25 fr. »

2 juillet 1820. — MARTINEAU. — INGRAND.

4. *Arbres fournis pour la plantation des Routes. Garantie du Fournisseur.*

« Considérant que, par l'article 3 du cahier des charges, les entrepreneurs ont été tenus de garantir les arbres, jusqu'à la réception des plantations; — Que cette réception n'a pas été faite ni adoptée par le Préfet; et que, sur les plaintes portées à cet administrateur, il a été ordonné une contre-visite en présence des maires et des propriétaires riverains qui doivent supporter les frais et la plantation ; — Que les procès-verbaux de contre-visite contiennent la preuve qu'un très-grand nombre d'arbres plantés ont été reconnus morts ou défectueux, et mal établis ; que, dès lors, il n'y a pas lieu d'en donner réception, et que les entrepreneurs doivent les faire remplacer. . . . — L'arrêté du Conseil de préfecture du département de *la Vienne* est confirmé ; — notamment en ce qu'il oblige les entrepreneurs à replanter, à leurs frais, tous les

arbres qui ont été reconnus morts, défectueux ou
mal établis. — Ce remplacement aura lieu aux
époques et dans les délais qui seront fixés par le
Préfet du département de la Haute-Vienne, etc. »

5. *Arbres abattus, sans autorisation, le long
d'une Route départementale. — Réduction de
l'amende encourue.*

Par arrêté du 26 janvier 1811, le Conseil de préfecture du département de *la Seine* avait condamné
le sieur *Maillet* à une amende de la *triple* valeur
de quelques arbres par lui abattus sur la route départementale dite des *Petits-Ponts*, allant de Pan-
tin à Drancy et Mitry ; plus, au paiement de la
somme de 10 fr. au garde-champêtre qui avait
dressé procès-verbal. — Recours au Conseil d'Etat,
devant lequel il justifie qu'il était propriétaire de
ces arbres ; qu'il en avait constamment fait l'élagage
chaque année ; qu'ils avaient été plantés en 1766,
par un de ses auteurs, et non par le Gouvernement. — Le Préfet, sans contester la propriété invoquée, se bornait à dire que, bien que propriétaire, il n'aurait pas dû couper ces arbres sans autorisation, par cela seul qu'ils étaient sur le bord
d'une route départementale. — Sur quoi le Conseil
d'Etat a prononcé ainsi qu'il suit :

« Vu la loi de 1791 sur la police rurale, et la
la loi du 9 ventôse an 13 ; — Considérant que, de
la lettre du Préfet, du 22 juin 1821, il résulte que
la propriété des arbres abattus n'est plus contestée
au sieur *Maillet* ; et, qu'ainsi, il ne peut être re-
cherché que pour les avoir coupés sans avoir obtenu l'autorisation préalable, conformément à l'ar-

ticle 3 de ladite loi du 9 ventôse an 13. — Considérant, néanmoins, que le propriétaire ayant ag,
de bonne foi, et sans intention de nuire, il y a lieu
de modérer l'amende prononcé contre lui. . . . —
L'arrêté du Conseil de Préfecture de la Seine, du
26 janvier 1811, est confirmé. Néanmoins, l'a-
mende prononcée est réduite à la somme de
33 fr., etc. »

20 février 1822. — Le sieur MALAFOSSE.

6. *Arbres plantés sur une grande route, aux frais
d'un riverain. — Poursuites et contraintes contre lui pour le remboursement.*

En vertu des dispositions de la loi du 9 ventôse
an 13, et du décret de 1811, un premier arrêté du
Préfet ordonna la plantation d'une partie de la
route de *Pont-Saint-Esprit* à *Mende*, département
de la *Lozère*; et des réquisitions furent, en conséquence, adressées aux propriétaires riverains de
cette partie de la route. Un deuxième arrêté ordonna que les plantations non faites par plusieurs
de ces propriétaires, le seraient à leurs frais par un
entrepreneur. Cette plantation achevée, le rôle des
frais fut arrêté et mis en recouvrement. Le sieur
Malafosse y forma opposition, et l'affaire s'enga-
gea devant le Conseil de Préfecture, lequel condamna le sieur Malafosse à payer le montant de sa
cote, et ordonna la continuation des poursuites.—
Recours au Conseil d'Etat; lequel a statué ainsi
qu'il suit :

« Vu la Loi *du* 9 *ventôse an* 13, portant, articles 1 et 4, que les grandes routes susceptibles
d'être plantées, le seront par les propriétaires; ou,
à leur défaut, par le Gouvernement et à leurs frais.

— Vu le Décret du 16 décembre 1811, contenant
réglement sur la construction, la réparation et
l'entretien des routes. . . . . — Considérant qu'il
résulte des pièces, que les propriétaires riverains
des routes du département de la *Lozère* ont été appelés en 1813 et 1814, 1815 et 1819, à remplir
l'obligation de planter, qui leur était imposée par
les lois et réglemens de la grande voierie; que les
plantations n'ont été exécutées, d'office, aux frais
des propriétaires en retard, qu'après des adjudi-
cations publiques, annoncées par affiches, tant
dans le département de la *Lozère*, que dans ceux
limitrophes; qu'il est constant qu'antérieurement
à l'exécution, des piquets ont été plantés, des trous
ouverts, sur les propriétés du réclamant, trois
mois avant que les arbres aient été plantés, et que,
dans cet intervalle, il n'a fait aucune diligence.....
— « La requête du sieur Malafosse est rejetée. »

22 juin 1825. — Le sieur BAUDIER.

7. *Ebranchement illégal d'Arbres plantés sur une grande route.* — *Conflit.* — *Compétence.*

Le Conseil de préfecture de la *Meuse*, et le tribunal correctionnel de Verdun, s'étaient déclarés
incompétens, pour connaître du fait, constaté par
un procès-verbal contre *Baudier*, d'avoir coupé
des branches d'arbres bordant un route royale. —
Le Conseil d'Etat, à qui ce conflit négatif a été dé-
féré par le Ministre de la Justice, a statué en ces
termes :

« Vu l'article 1er. de la Loi du 29 floréal an 10,
et l'article 114 du Décret du 16 décembre 1811 ;
vu les articles 445 et 448 du Code pénal ; — Considérant que le fait rapporté dans le procès-verbal

du. . . . : ne constitue ni un délit, ni une contravention, mais un simple dommage envers l'Etat, dont la connaissance, aux termes du §. 1ᵉʳ. de l'article 114 du Décret du 16 décembre 1811, doit être portée devant le Conseil de Préfecture. . . .

« L'arrêté du Conseil de Préfecture du département de la *Meuse*, en date du 16 décembre 1824, est annullé, et les parties renvoyées devant ledit Conseil, pour y être statué sur le dommage. »

(Cependant, il nous semble que c'était bien ici un véritable délit, passible d'une amende, indépendamment de l'indemnité du dommage. Voyez les articles 105, 107, 108 et 114 du Décret; ainsi que les articles 445, 446 et 448 du Code pénal).

15 mars 1825. — Le sieur LEFRANÇOIS.

8. *Est-il permis de planter, sans alignement préalable, sur les talus extérieurs des fossés bordant la grande route ?*

« Considérant qu'il ne s'agit pas, dans l'espèce, d'une question relative à la propriété des arbres, mais d'une question d'alignement et de contravention en matière de grande voierie; d'où il suit que le Conseil de Préfecture était compétent pour statuer.

« Considérant, au fond, qu'il est constaté que les peupliers plantés par le sieur *Lefrançois*, sur le bord de la route royale de *Briare* à *Angers*, l'ont été, les uns au milieu, les autres sur les talus extérieurs du fossé qui borde ladite route, et sans alignement préalable; que le Conseil de Préfecture, en réprimant cette contravention, a fait une juste application des lois de la matière...» (Loi du 29 flo-

6

réal an 10 ; article 90 du Décret du 16 décembre 1811 ; Loi du 12 mai 1825.)

L'article 90 du Décret du 16 décembre 1811 ordonne en effet que les plantations que les particuliers riverains voudront faire sur la bordure de leurs pièces de terre contiguës aux grandes routes, devront être faites *au moins à la distance d'un mètre du bord extérieur des fossés.*

21 juin 1826. — DE PUYSÉGUR.

9. *Les Arbres anciennement plantés sur un chemin vicinal, et appartenant à un propriétaire riverain, cessent-ils de lui appartenir, lorsque le chemin est converti en route royale ou départementale ? — Jurisdiction compétente.*

Le Préfet et le Ministre avaient prononcé l'affirmative contre M. *de Puységur,* propriétaire de la terre de *Busancy,* département de l'Aisne; en se fondant sur l'article 86 du *Décret du 16 décembre* 1811. — Sur le recours au Conseil d'état, *et le* 21 *juin* 1826, Ordonnance qui, « Considérant que la décision attaquée a été prise sous le régime du Décret de décembre 1811 ; mais que, depuis l'instance engagée, la *Loi du 12 mai* 1825 a déclaré que les Tribunaux seuls étaient compétens pour prononcer sur les contestations qui pourraient s'élever entre l'Administration et les particuliers, relativement à la propriété des arbres plantés sur le sol des routes royales et départementales » : — Prononce ainsi : « La décision du Ministre de l'Intérieur ne fait plus obstacle à ce que la contestation dont il s'agit soit portée devant les tribunaux. »

6 janvier 1829. — De Rohan. — Deshays.
(Cour royale de Paris.)

Ancienne Concession d'Arbres plantés par le Gou-
vernement, le long d'une route royale et sur les
fonds riverains. — Quel effet elle peut avoir au-
jourd'hui à l'encontre des détenteurs de ces
fonds?

(Voir ci-devant, chap. 5, n°. 19.)

8 novembre 1829. — De Moyria.

10. *Arbres plantés, sans autorisation, sur les acô-*
temens d'une grande route. — Compétence.

Un arrêté du Conseil de Préfecture du *Calvados*
avait condamné le comte *de Moyria* à détruire des
arbres et une *haie* plantés sur les acôtemens de la
route royale, de troisième classe, d'*Honfleur* à
Alençon, le long de sa propriété contiguë à cette
route. Il demandait l'annullation de cet arrêté au
Conseil d'Etat, comme contenant un excès de pouvoir, en ce qu'il soutenait que le terrain sur lequel
ces arbres étaient plantés faisait partie de sa propriété ; et que, conséquemment, la question aurait
dû être renvoyée aux tribunaux.

Sa réclamation a été rejetée par les motifs suivans :

« Considérant qu'il résulte des plans, profils et
autres pièces produites, que les haies et arbres dont
il s'agit ont été plantés sans autorisation *sur le ter-*
rain de la route ; d'où il suit qu'en ordonnant de les
arracher, le Conseil de Préfecture n'a fait que se
conformer aux dispositions de *la loi du* 29 *floréal*
an 10 (29 avril 1802), et du *Décret réglementaire*
du 16 *décembre* 1811 ; — Considérant que si le

6 *

sieur de *Moyria* prétend qu'à l'époque où le profil de la route a été établi, on lui a pris du terrain dont il aurait dû recevoir *l'indemnité*, cette question, qui n'est point celle que le Conseil de Préfecture a décidée, serait *du ressort des Tribunaux*. »

9 juin 1830. — Le sieur BELIN.

11. *Plantation illégale le long d'une grande route.* — *Répression.* — *Compétence.*

Le sieur *Belin* avait, sans autorisation préalable, fait planter une ligne de mûriers le long de la route royale de *Lyon* à *Beaucaire*. — Procès-verbal. Arrêté du Conseil de Préfecture de *l'Ardèche*, qui le condamne par défaut. Dans le même temps, il introduit au Tribunal de *Tournon*, une demande contre l'Administration, à fin d'indemnité d'une lisière de terrain prise sur sa propriété pour élargir la route, et précisément vis-à-vis sa plantation. Jugement qui le reconnaît propriétaire du terrain sur lequel il a planté. Muni de ce jugement, il forme opposition à l'arrêté qui l'a condamné par défaut, et demande qu'il soit rapporté. — Deuxième arrêté qui rejette l'opposition et maintient le premier. — Recours au Conseil d'Etat. Il s'appuie du jugement qui l'a déclaré propriétaire du terrain planté. Mais on lui répond qu'en admettant ce point, il n'en est pas moins contraventionnaire, pour n'avoir point observé la distance prescrite entre la rive de la route et sa ligne de plantation ; distance fixée par un arrêté préfectural, en conformité du Décret réglementaire de 1811.

Le 9 *juin* 1830, Ordonnance qui repousse sa requête.

« Vu la loi du 9 ventôse an 9, les articles 90 et 91 du Décret du 16 décembre 1811 : — Considérant qu'il résulte des pièces, que le sieur Belin a planté sur le bord de la route, sans avoir observé les distances prescrites : — Ce qui constitue une contravention en matière de grande voierie, que le Conseil de Préfecture a justement réprimée par son arrêté du 16 septembre 1828. . . . . »

22 octobre 1830. — Le sieur BOSSE.

12. *Empiétement sur le sol d'une Route départementale, par un propriétaire riverain. — Répression. — Compétence.*

« Vu la loi du 29 floréal an 10, et le Décret du 16 décembre 1811 ; Considérant que, au droit de la propriété du requérant, et sur une longueur de 125 mètres, une zône de largeur variable a été usurpée par le sieur *Bosse*, ou ses auteurs, sur la route départementale, n°. 6, de *Marseille* au *Buis*. — Considérant que le Conseil de Préfecture, en ordonnant que le sieur Bosse sera tenu de rendre à ladite route, une largeur moyenne entre les deux dimensions qu'elle offre aux deux extrémités de la partie sur laquelle l'empiétement a eu lieu, a justement prononcé. . . . . . »

20 octobre 1831. — PELLETIER.

Refus, par des riverains, de remplacer les Arbres morts.

13. Conformément aux articles 91 et suivans du Décret de décembre 1811, et à une circulaire du Directeur général des ponts et chaussées, le Préfet de la *Charente* fit avertir, en novembre 1826, tous

les propriétaires riverains des routes de son départ-
tement, qu'ils eussent à remplacer incessamment
les arbres morts ou manquans dans les lignes de
plantations établies sur leurs terres. Procès-verbaux
dressés contre ceux qui n'ont point obtempéré à
cet avertissement. En 1828, nouvelles réquisitions
et interpellations, auxquelles plusieurs sont encore
refusans de satisfaire. Arrêté du Préfet qui, conformément à l'article 95, concède à un adjudicataire l'entreprise des arbres à remplacer ; et ce, aux
frais des retardataires. Puis, un jugement du Conseil de Préfecture les condamna au remboursement des frais ; plus, à une amende de 1 fr. par
pied d'arbre, conformément à l'article 97. — Recours au Conseil d'Etat par le sieur *Pelletier,* l'un
d'eux. Il soutient que ce Décret de 1811 est sans
force obligatoire, parce qu'il n'est pas une loi ;
qu'il est d'autant plus illégal qu'il est contraire, dans
presque toutes ses dispositions, à la loi du 9 ventôse
an 13, la seule loi de la matière. Il s'appuie des
paroles de M. *Dupin,* dans un discours prononcé
par lui devant la Cour de cassation, comme pro-
cureur général, où il disait, entre autres choses,
que là où il existait une loi, on ne doit voir que
cette loi ; que c'est aux seules dispositions de cette
loi qu'il faut s'attacher, et ne pas admettre des décrets impériaux contraires à ses dispositions.

Nonobstant ces raisonnemens, le 28 octobre 1831,
Ordonnance qui rejette la requête de Pelletier, par
l'unique motif que les articles 88 et autres du Décret du 16 décembre 1811 *ont force de loi.*

3 février 1832. — DURAND. — MEYGRET.

14. *Arbres d'une grande-route indûment abat-*

87

tus, mais par erreur, et sans intention de fraude.

Le Conseil de Préfecture du département de *la Seine*, avait condamné les sieurs *Meygret* et *Durand* à payer la *triple* valeur de vingt-six arbres non compris dans l'adjudication qui leur avait été faite d'une quantité d'ormes dépérissans sur plusieurs routes. Devant le Conseil d'Etat, ils justifièrent qu'ils avaient été induits en erreur par le martelage; et que, d'ailleurs, deux des arbres pour lesquels ils avaient été incriminés, n'appartenaient pas à l'Etat, mais à deux particuliers riverains. — 3 février 1832, Ordonnance ainsi conçue :

« Vu le cahier des charges; Vu l'article 101 du Décret du 16 décembre 1811, et les articles 445 et 448 du Code pénal; — Au fond, considérant que le fait reproché à l'adjudicataire est le résultat de plusieurs changemens faits dans les marques et martelages de l'Administration ; que ce fait ne constitue pas une contravention de grande voirie, mais une erreur excusable, commise dans l'exécution d'un contrat; que, dès-lors, il n'y avait lieu de réclamer, de l'entrepreneur, que la *simple* valeur des arbres abattus, etc. — « L'arrêté du Conseil de Préfecture est annulé dans la disposition qui condamne à payer la *triple valeur* des vingt-six arbres indûment abattus ; — Renvoyons, pour la liquidation du prix, devant l'Administration. »

1er. février 1833. — Le sieur JAUPITRE.

15. *Si le Décret du 16 décembre 1811 a pu changer les lois antérieures, relativement à la plantation des routes ?*

Le sieur *Jaupitre*, maire de la commune d'*En-*

nordre, ayant fait abattre, sans autorisation, un arbre existant *sur sa propriété*, le long de la route de *Figeac* à *Montargis*, département du *Cher*, fut poursuivi par l'Administration des Ponts et Chaussées, comme coupable d'un délit de grande voierie, par-devant le Conseil de Préfecture; en conformité du Décret de 1811, article 101, qui prononce une amende égale à la triple valeur des arbres coupés sans permission. — Le Conseil de Préfecture se refusa à prononcer cette peine, par la raison que, d'après la *Loi* du 9 ventôse an 13, les propriétaires n'ont pas besoin de permission de personne, pour disposer des arbres plantés sur leur propre fonds; et que le Gouvernement de 1811 n'avait pas pu, par un simple Décret, abroger cette loi, et créer des peines arbitraires. — Cet arrêté est dénoncé au Conseil d'Etat par le Ministre des Travaux Publics;

Et le 1ᵉʳ. février 1833, Ordonnance qui annulle l'arrêté, pour contravention au Décret de 1811 : « *attendu que ce Décret a constamment été exécuté comme loi.* »

1ᵉʳ. août 1834. — Le sieur DE BAINE.

16. *Arbres anciennement plantés sur une grande route sans autorisation spéciale.*

Le sieur *De Baine*, propriétaire à Champigneules, département de la *Meurthe*, avait fait planter, il y a environ 25 ans, plusieurs lignes d'arbres, le long de la route de *Metz à Besançon*, en face de ses propriétés; sans observer les distances prescrites par les anciens réglemens, et sans prendre de permission des nouvelles Autorités. — En mai 1827 seulement, les agens des Ponts et Chaussées le

firent citer devant le conseil de préfecture du département de la Meurthe, pour le faire condamner
à arracher ses arbres et à une forte amende ; — Le
28 août suivant, le Conseil de préfecture prononça
qu'il serait seulement tenu de faire élaguer ses arbres, et de ne point remplacer ceux qui viendraient
à périr. — Appel au Conseil d'Etat, de la part de
M. le Ministre des *Travaux publics ;*—et le 1er. août
1834 , Ordonnance qui infirme et corrige l'arrêté
de préfecture, dans les termes suivans :

« Louis-Philippe....... Vu l'art. 6 de l'Arrêt du
Conseil du 3 mai 1720...; *(le voir ci-dessus,* part. 1re.
page 3); — Vu les lois des 29 floréal, an 10, et
9 ventôse, an 13... ;

— « *En ce qui concerne* la disposition de l'arrêté
du Conseil de préfecture, portant qu'il n'y a lieu de
donner suite au procès-verbal du 22 mai 1827 ; —
Considérant que les arbres qui font l'objet de ce
procès-verbal ont été anciennement plantés sans
autorisation et sans alignemens préalables ; et
qu'ainsi le Conseil de préfecture aurait dû réprimer
la contravention, et condamner le contrevenant à
l'amende ; — Considérant néanmoins qu'il résulte
de l'instruction, qu'une partie des arbres dont il s'a-
git, peut être conservée sans inconvénient pour la
route, en laissant entre eux la distance voulue par
le Réglement du 3 mai 1720. — « *En ce qui concerne* la disposition du même arrêté, qui autorise
le sieur *De Baine* à conserver lesdits arbres ; —
Considérant que le Conseil de préfecture a excédé
ses pouvoirs, en prescrivant des mesures qui n'auraient pû être ordonnées que par l'Administration.....

« Art. 1er. L'arrêté du conseil de préfecture est
annullé ; — 2. L'amende encourue par le sieur *De*

Baine, est fixé à 5o fr.; — 3. Ledit sieur *De Baine* est autorisé à conserver une partie des arbres plantés sans autorisation; en observant de laisser entre eux une distance au moins égale à celle qui est exigée par le réglement de mai 1720; — 4. Il est condamné à arracher ceux qui se trouveront entre les arbres jugés succeptibles d'être conservés; — 5. Le Préfet du département désignera les arbres qui devront être arrachés ou conservés en exécution de la disposition précédente; — 6. Cette désignation sera faite sur le rapport de l'Ingénieur en chef du département, le propriétaire entendu..... »

DEUXIÈME PARTIE.

DES ARBRES ET PLANTATIONS DES CHEMINS VICINAUX.

CHAPITRE Iᵉʳ.

Exposition sommaire de l'ancienne Jurisprudence concernant les Chemins vicinaux et les Arbres de ces Chemins.

1. Nos rois ne s'étaient occupés, dans leurs ordonnances et réglemens (rapportés ci-devant, *première partie, chap.* 1ᵉʳ), que des grands chemins, ou chemins royaux. Les chemins ordinaires, non entretenus aux dépens du trésor royal, étaient régis par les réglemens des Cours ou tribunaux, par les dispositions des coutumes écrites, par les usages reçus en chaque contrée.

Plusieurs *Coutumes* contenaient en effet plusieurs dispositions touchant ces sortes de chemins.

2. Ainsi, la Coutume de LILLE, *titre* I, *article* 17, portait :

« *Aux seigneurs justiciers ou vicomtiers, compètent et appartiennent, s'il n'appert du contraire, tous les chemins, frocs, flégards, et les* ARBRES *ou* PLANTATIONS *croissans sur iceux ;* et s'ils abordent à deux diverses seigneuries, ils compètent à chacun seigneur, par moitié. »

3. La Coutume d'ARTOIS disait pareillement, *article* 5 :

« *La justice du vicomte s'étend à frocs, flégards, chemins et voyeries,* étant à l'encontre des ténemens de son fief ; en façon que si les héritages d'un côté et d'autre sont à lui, ou de lui tenans, *telles voies et chemins, et ce qui y croît, lui appartiennent.* »

4. La Coutume d'AMIENS, article 184, celle de *Montreuil-sur-Mer,* article 19, et plusieurs autres, avaient des dispositions semblables ou équivalentes.

5. Cependant celle de BOULLENOIS, ou *Boulonnois,* disait, par exception, article 40 :

« *Les fruits* de tous arbres estans *ès voyes publiques,* rues et places communes d'aucuns villages, *appartiennent aux habitans,* qui les peuvent recueillir, prendre et abattre, pour en user à leur plaisir. »

6. La Coutume de DOUAY dit plus, *article* 6 :

« *Il est loisible à tous propriétaires, de planter*

sur les *flégards* (1), *à cinq pieds près, et à l'endroit de leurs héritages ; pourvu, qu'en ce faisant,
ne soit donné empeschement au préjudice du chemin ;
et prendre à leur proffit les dépouilles des arbres
par eux ainsi plantés.* »

7. Sur la largeur des chemins, les mêmes coutumes faisaient distinction entre leurs différentes
sortes ou destinations.

Pour un chemin *vicomtier*, ou vicinal, c'est-à-
dire communiquant de bourg à bourg ; la plupart
prescrivaient 30 pieds (2) ; quelques-unes 24 ; d'autres, 20, 18 ou 16 seulement (3).

8. La Coutume de Bretagne se contentait de
dire, *art.* 49 : Que les seigneurs ayant juridiction
en leur terre, *doivent garder et borner les routes
qui ne sont pas en la garde du Prince.*

9. L'incohérence des diverses dispositions cou-
tumières sur ce sujet, ne pouvait manquer de faire
naître souvent des procès, entre les seigneurs, les
riverains et les communautés d'habitans.

10. Entre un grand nombre d'arrêts du Parlement de Paris, nous rappellerons seulement ceux
ci-après :

Du 1er. *août* 1750, Arrêt de la première chambre
des Enquêtes, entre le seigneur haut-justicier, et

---

(1) Terrains en friches et pâtures, bordant les chemins
de traverse.
(2) Valois, Boulenois, Saint-Omer, Senlis, etc.
(3) Touraine, Lodunois, etc.

les habitans de *Villers*, près *Saint-Quentin*, en Picardie, qui, entre autres dispositions, autorise ledit seigneur à planter les *chemins* hors du village, autres que les chemins royaux, *et sans préjudicier aux droits des propriétaires des terres voisines;* savoir, *deux rangées d'arbres sur les chemins ayant trente pieds de large,* ou plus ; en laissant 18 pieds de distance de l'un à l'autre, et 3o pieds entre les deux rangs parallèles ; et sur ceux n'ayant que vingt pieds, une seule rangée, également à dix-huit pieds de l'autre, sur la même ligne ; et encore, sous la condition que ledit seigneur fera *ébrancher* les arbres, *à* 15 *pieds de hauteur de terre, et même plus, s'il est besoin, pour donner de l'air aux chemins et terres voisines.*

Du 17 *juin* 1767, entre le comte *d'Estourmel*, seigneur *du Frétoy*, et le chapitre *de Noyon*, autre Arrêt par lequel ledit comte d'Estourmel, comme *haut-justicier et voyer*, est maintenu dans le droit et possession de planter sur le bord des chemins qui traversent sa seigneurie.

Il est ordonné : 1°. que les plantations par lui faites sur seize chemins, dont les uns avaient trente huit pieds de largeur, d'autres quarante-deux et quarante-quatre pieds, resteront dans leur état actuel, sans pouvoir en ajouter de nouvelles; 2°. qu'il ne pourra planter le chemin de *Condor* à *Balny*, qu'en laissant trente-trois pieds de distance entre les deux rangées d'arbres.

Il est ordonné au *chapitre de Noyon* d'arracher ceux par lui plantés sur les bords ou dans l'intérieur desdits chemins; sauf à lui de les transplanter dans ses propres terres, et à une distance d'au moins six pieds des plantations du comte d'Estourmel.

11. *Du 11 juillet* 1759, autre Arrêt qui, en confirmant une sentence interlocutoire de la chambre, appelée *les Requêtes du Palais*, rendue entre la dame *de Sénozan*, propriétaire de la terre et seigneurie de *Mitry*, et un propriétaire de terres particulières dans cette seigneurie, relativement à des arbres que les prédécesseurs de celui-ci avaient fait planter sur le chemin vicinal de *Mitry* à *Tremblay*, décide implicitement que, dans la Coutume de *Paris*, les arbres plantés sur le sol même des chemins vicinaux, n'appartiennent point aux particuliers qui les ont plantés, mais au seigneur haut-justicier.

12. Pour la province de *Normandie*, le pays du *Perche* et de *Châteauneuf en Thimerais*, il existe un Arrêt du Conseil, *du* 28 *avril* 1671, dont les dispositions sont à remarquer.

Il est ordonné que tous les *chemins publics et de traverse de ladite province, pays du Perche, de Châteauneuf, et circonvoisins*, seront incessamment réparés et entretenus, aux *frais et dépens des propriétaires des terres adjacentes*, avec des cailloux, graviers et fascines; lesquels chemins auront, savoir : les chemins *publics et vicinaux*, seize pieds; et ceux *de traverse, huit* pieds de passage libre : laquelle largeur sera prise également des deux côtés; *et sans que ladite largeur puisse être occupée par des hayes, fossés ou arbres;* comme aussi, défenses sont faites à tous *propriétaires riverains*, de planter aucun arbre *le long* desdits chemins, si ce n'est à *dix pieds de distance de chaque bord.*

Le *Parlement de Flandre*, entre autres, avait rendu, en forme de réglemens, plusieurs arrêts, les 8 avril 1671, 4 mars 1778, et 14 août 1780, qui contenaient diverses dispositions de police concernant les chemins vicinaux de son ressort.

Ils avaient, notamment, fixé a *trente pieds* la largeur de ces chemins; tous ceux n'ayant pas cette latitude, devaient y être successivement portés; et les fossés avoir de trois à cinq pieds de largeur, en proportion du volume d'eau qu'ils étaient destinés à recevoir.

Les arbres et les haies plantés sur les chemins ou sur les terres riveraines, à quelque distance que ce fût, devaient être *élagués*, lorsque, par leur ombrage, ils étaient reconnus nuisibles.

15. De ces divers Arrêts concernant les chemins *vicinaux, vicomtiers,* ou *de traverse,* si nous passons aux anciens AUTEURS qui en ont traité, nous trouvons d'abord *Beaumanoir* (en son recueil des Coutumes de *Beauvoisis,* de l'an 1285), qui, après avoir distingué *cinq* sortes de chemins, nous dit, *chap.* 5, que, de droit commun, *ils sont et appartiennent au seigneur de la terre, qu'il tient en baronie;* soit que lesdits chemins soient dans ses domaines, ou dans ceux de ses sujets; et que si, dans quelque endroit, il n'a justice que d'un côté, et que l'autre soit de la justice d'un autre, *il a la moitié du chemin.*

Freminville, en sa *Pratique des terriers,* donne pour raison de ce droit des seigneurs : qu'il n'est pas douteux que, lors de la conquête des Gaules par les rois Francs qui en partagèrent le territoire entre leurs officiers, ceux-ci se trouvèrent seuls propriétaires des terres comprises dans leur lot; lesquelles ils ont ensuite vendues ou données à d'autres; qu'ainsi, ce furent *les seigneurs,* qui, dans le principe, *fournirent le terrain des chemins,* et qu'ils ne concédèrent aux habitans que *l'usage* de ces chemins , que la faculté d'y passer. (Tome 2, page 449.)

14. Presque tous les autres praticiens, légistes, commentateurs, qui ont écrit après Beaumanoir, ont professé la même doctrine ; et, peu de temps avant la révolution de 1789, cette doctrine avait été corroborée par une savante dissertation de l'un des plus célèbres jurisconsultes du dernier siècle. *(Dissert. féod.*, art. *chemin.)*

Passons maintenant aux lois survenues depuis la *Révolution de* 1789.

CHAPITRE II.

Législation nouvelle touchant les Arbres des chemins vicinaux.

---

1. C'était par suite de leur puissance féodale, en qualité de hauts-justiciers et voyers, que les ci-devant seigneurs étaient réputés avoir, non-seulement la police, mais même la *propriété* des chemins vicinaux ;

C'était par suite de cette prétendue propriété, qu'ils avaient le droit de s'emparer des arbres venus naturellement sur ces chemins , comme aussi le droit d'y planter exclusivement , lorsqu'ils étaient assez larges pour comporter une plantation.

2. Les premiers Décrets d'abolition du Régime

7

féodal, *des* 4, 11 *août* 1789, *et* 15 *mars* 1790, ne prononcèrent pas en termes exprès la révocation de ce droit particulier des seigneurs sur les chemins.

En l'art. 39 du *Décret du* 15 *mars* 1790, on trouve seulement une réserve de prononcer ultérieurement, *sur les droits de voierie et autres, dépendans de celui de justice.*

Aussi la Législature de cette époque ne tarda-t-elle pas à expliquer toute sa pensée sur cet objet.

3. *Le* 26 *juillet* 1790, elle porta le DÉCRET suivant, auquel le roi LOUIS XVI apposa sa sanction, *le* 15 *août*, même année : ce qui fait que, dans les lois postérieures, et dans les jugemens, il est souvent cité avec cette dernière date.

(26 juillet, — 15 août 1790.)

DÉCRET *concernant les droits de voierie et de plantation sur les chemins.*

« ART. 1ᵉʳ. Le Régime féodal et la Justice seigneuriale étant abolis, *nul ne pourra dorénavant, à l'un ou à l'autre de ces deux titres,* prétendre *aucun droit de propriété, ni de voierie,* sur les chemins publics, rues et places des villages, bourgs ou villes.

« 2. En conséquence, *le droit de planter des arbres, ou de s'approprier les arbres mêmes, sur les chemins publics, rues et places des villages, bourgs ou villes,* dans les lieux où il était attribué aux ci-devant seigneurs, par les coutumes, statuts ou usages, EST ABOLI.

« 5. Dans les lieux énoncés dans l'article précédent, les *arbres existans actuellement* sur les chemins publics, rues ou places de villages, bourgs ou villes, *continueront d'être à la disposition des ci-devant seigneurs qui en ont été jusqu'à présent réputés propriétaires ;*

« Sans préjudice des *droits des particuliers qui auraient fait des plantations vis-à-vis leurs propriétés,* et n'en auraient pas été légalement *dépossédés* par les ci-devant seigneurs.

« 4. Pourront néanmoins, *les arbres existans actuellement* sur les rues et chemins publics, *être rachetés par les propriétaires riverains,* chacun vis-à-vis sa propriété : sur le pied de leur valeur actuelle ; d'après l'estimation qui en sera faite par des experts nommés par les parties, sinon d'office par le juge ; sans qu'en aucun cas cette estimation puisse être inférieure au coût de la plantation des arbres.

« 5. Pourront pareillement être rachetés par les *Communautés d'habitans,* et de la manière ci-dessus prescrite : *les arbres existans* SUR LES PLACES PUBLIQUES *des villes, bourgs ou villages.*

« 6. Les ci-devant seigneurs pourront en tout temps abattre et vendre les arbres dont le rachat ne leur aurait pas été offert : après en avoir averti par affiches, deux mois à l'avance, les propriétaires riverains et les communautés d'habitans, qui pourront, respectivement, chacun vis-à-vis sa propriété, ou les places publiques, les racheter dans ledit délai.

« 7. Ne sont compris dans l'article 3 ci-dessus, non plus que dans les subséquens, les *arbres* qui pourraient avoir été *plantés par les ci-devant seigneurs, sur les fonds mêmes des riverains;* lesquels

7 *

appartiendront à ces derniers ; en remboursant par eux les frais de plantation seulement.

« 8. Ne sont pareillement comprises, dans les articles 4 et 6 ci-dessus, *les plantations faites,* soit *dans les avenues, chemins privés, et autres terrains appartenans aux ci-devant seigneurs ;* soit dans les *parties de chemins publics,* qu'ils pourraient avoir *achetées des riverains,* à l'effet d'agrandir lesdits chemins et d'y planter; lesquelles plantations pourront être conservées *et renouvellées* par les propriétaires desdites avenues, chemins privés, terreins ou parties de chemins publics : en se conformant aux règles établies sur les intervalles qui doivent séparer les arbres plantés d'avec les héritages voisins.

« 9. Il sera statué par une *loi particulière,* sur les *arbres* plantés le long des *chemins* dits *royaux.*

« 10. Et, pour pourvoir au *remplacement de ceux qui auraient été ou pourraient être abattus,* les Administrations de départemens seront tenues de proposer au Corps législatif, les mesures qu'elles jugeront les plus convenables, d'après les localités, et sur l'avis des Districts, pour empêcher, tant de la part des riverains et autres particuliers, que des communautés d'habitans, toute dégradation des *arbres* dont la conservation intéresse le public.

« 11. L'Assemblée nationale déclare nuls et attentatoires à la puissance législative, les arrêts généraux du *Parlement de Douai,* des 12 mai et 31 juillet 1789, en ce qu'ils ont rendu les Communautés d'habitans du ressort de ce tribunal, responsables de plein droit de tous les dommages qu'éprouveraient les propriétaires de plantations ; fait défenses de donner à cet égard aucune suite, tant aux procédures faites, qu'aux jugemens rendus en conséquence desdits arrêts. »

Ces deux derniers articles, furent rectifiés et remplacés, quelques jours après, par la rédaction suivante :

29 août, — 12 septembre 1790.

DÉCRET *qui rectifie une erreur glissée dans l'art. 10 de celui ci-dessus.*

« L'Assemblée nationale, s'étant fait représenter le procès-verbal de la séance du 26 juillet dernier, contenant le décret relatif aux *droits de voierie et de plantations d'arbres dans les chemins publics;*

« Déclare qu'il y a eu erreur dans la rédaction de l'art. 10 dudit décret, et par suite dans les lettres-patentes dont il a été revêtu le 15 de ce mois; et que ledit article a été décrété ainsi qu'il suit :

« Les Administrations de Départemens seront tenues de proposer au Corps législatif les mesures qu'elles jugeront les plus convenables, d'après les localités, et sur l'avis des Districts, pour empêcher, tant de la part des riverains et autres particuliers, que des communautés d'habitans, toute dégradation des arbres dont la conservation intéresse le public, et pour pourvoir au remplacement de ceux qui auraient été ou pourraient être abattus; et cependant les Municipalités ne pourront, à peine de responsabilité, rien entreprendre en vertu du présent décret, que d'après l'autorisation expresse du Directoire du Département, sur l'avis de celui du District, qui sera donné sur une simple requête, et après communication aux parties intéressées, s'il y en a. »

13, — 20 avril 1791.

Dans un Décret, publié sous cette date, con-

tenant plusieurs dispositions additionnelles sur les
effets de l'abolition du régime féodal, on lit encore
celles suivantes, concernant les *arbres* qui auraient
été anciennement plantés , par des seigneurs , *sur
des terrains appartenant à des Communes.*

« ART. 12. *Tout ci-devant seigneur* qui justifiera
tout à la fois, qu'à une époque remontant au-delà de *quarante ans* avant la publication des décrets
du 4 août 1789, il a planté ou fait planter, et que
depuis, il a possédé des *arbres* dans des marais,
prés, ou *autres biens appartenans à une Communauté d'habitans , conserve la propriété et libre
disposition de ces arbres ;* — sauf à cette communauté à les *racheter* sur le pied de leur valeur
actuelle.

« Ce qui aura pareillement lieu à l'égard des arbres plantés et possédés par le ci-devant seigneur,
depuis un espace de temps *au-dessous de quarante
ans , par remplacement* d'arbres qu'il justifiera
avoir été plantés antérieurement à quarante ans,
et possédés tout à la fois par lui et ses auteurs.

« ART. 13. Quant aux arbres plantés par un ci-
devant seigneur *sur des biens communaux,* depuis
un espace de temps *au-dessous de quarante ans ,*
sans qu'ils l'aient été par remplacement, ainsi qu'il
vient d'être dit : *ils appartiendront à la Communauté ;* en remboursant par elle les frais de plantations seulement , et à la charge de se conformer
à *l'art.* 10 du décret *du 26 juillet* 1790. »

6. Ainsi , en résumé , il suivait des décrets ci-
dessus , notamment de celui *du 26 juillet* 1790 :
1°. En principe, que nul ne pourrait plus se
dire propriétaire des chemins publics, ni des rues
et places des villages , bourgs et villes ;

2°. Que les ex-seigneurs ne pourraient plus, à l'avenir, *planter*, à leur profit, des arbres, sur les *chemins publics, rues et places des communes* ;

3°. Qu'ils étaient néanmoins *conservés* dans le droit d'user et *disposer* des arbres *actuellement existans* sur ces chemins, rues et places, là où ils en étaient déclarés propriétaires par les coutumes ;

4°. Faculté, aux *riverains*, de racheter ces arbres actuellement existans sur les *chemins* et *rues* ; et aux *corps d'habitans*, ceux existans sur les *places publiques* des villes, bourgs et villages ;

5°. Quant aux arbres plantés par les ci-devant seigneurs, *sur les fonds mêmes des riverains*, ceux-ci en sont déclarés propriétaires, et ils pourront, dès à présent, s'en mettre en jouissance; *en remboursant* aux-dits seigneurs les frais de plantation seulement ;

6°. Mais, à l'égard des arbres plantés dans les *avenues* des châteaux, et *chemins privés* des seigneurs, comme aussi sur des lisières de terrain achetées par eux pour aggrandir les chemins vicinaux ; ces plantations sont *maintenues aux seigneurs*, qui pourront même les *renouveler* par la suite ; *en se conformant aux règles établies pour les intervalles* qui doivent séparer les arbres plantés d'avec les héritages voisins ;

7°. Il est réservé de statuer ultérieurement, *par une loi particulière*, sur les *chemins royaux* ; lesquels, par conséquent ne sont pas compris dans les dispositions du décret ci-dessus.

« *Ces idées étaient raisonnables*, dit le docte et vénérable auteur de la Compétence des juges de paix ; *mais elles se perdirent dans la confusion des temps qui suivirent l'année* 1791. »

7. Dans un autre Décret de la même Assemblée

dite *constituante*, sur la *Police rurale*, on lit les
dispositions suivantes, qui concernent encore les
chemins vicinaux, et qu'il n'est pas inutile de
rappeler ici.

Extrait de la Loi *sur la Police rurale.*

28 septembre, — 6 octobre 1791.

Titre 1. Sect. 6. — *Des chemins.*

« *Art.* 2. Les *chemins*, reconnus par le Directoire de District, pour être *nécessaires à la communication des paroisses*, seront rendus praticables et entretenus, aux dépens des Communautés
sur le territoire desquels ils sont établis. — Il
pourra y avoir, à cet effet, une imposition, au
marc la livre de la contribution foncière.

« *Art.* 3. Sur la réclamation d'une des Communautés, ou sur celle des particuliers, le Directoire du Département, après avoir pris l'avis de
celui du District, ordonnera l'amélioration des
mauvais chemins, afin que la communication ne
soit pas interrompue dans aucune saison; et il en
déterminera la *largeur*.

(Voir ci-après, p. 110 et 116.

Titre 11 *de la même loi.*

« *Art.* 40. Les cultivateurs ou tous autres, qui
auront dégradé ou détérioré, de quelque manière
que ce soit, des chemins publics, ou usurpé sur
leur largeur, seront condamnés à la réparation ou
à la restitution, et à une amende qui ne pourra être
moindre de *trois livres*, ni excéder *vingt-quatre*.

« 41. Tout voyageur qui déclorra un champ
pour se faire un passage dans sa route, payera le

dommage fait au propriétaire ; et de plus une *amende* de la valeur de trois journées de travail : — à moins que le juge de paix du canton ne décide que le chemin public était impraticable ; — et alors les dommages et les frais de renclôture seront à la charge de la Commune.

« 43. Quiconque aura coupé ou détérioré des *arbres plantés sur les routes,* sera condamné à une *amende du triple* de la valeur des arbres ; et à une *détention* qui ne pourra excéder *six mois* » (1).

8. Sous la seconde Législature , est ensuite intervenu le fameux Décret *du 28 août* 1792 , contenant une nouvelle abolition des droits féodaux ; lequel, dans ses *art.* 14 *et suivans* , a en grande partie changé ou modifié les dispositions de celui *du 26 juillet* 1790.

28 août 1792.

Extrait du Décret *contenant de nouvelles mesures pour l'entière abolition des effets produits par l'ancien Régime féodal.*

Des Arbres des chemins vicinaux.

« Art. 14. Tous *les arbres existans actuellement sur les chemins publics,* autres que les grandes routes nationales, *et sur les rues* des villes , bourgs et villages, *sont censés appartenir* AUX PROPRIÉTAIRES RIVERAINS ; — à moins que les *Communes ne justifient en avoir acquis la propriété par titre ou possession.*

---

(1) Voir les art. 445, 446 et 448 du *Code pénal* de 1810.

« 15. Tous les *arbres* actuellement existans *sur les* PLACES *des villes, bourgs et villages*, ou dans les marais, prés, et autres biens dont les Communautés ont ou recouvreront la propriété, sont censés appartenir *aux Communautés;* sans préjudice des droits que des *particuliers*, non seigneurs, pourraient y avoir *acquis par titre ou par possession.*

« 16. Dans le cas même où les *arbres* mentionnés dans les deux articles précédens, ainsi que ceux qui existent *sur les fonds mêmes des riverains*, auraient été plantés par les ci-devant seigneurs, les Communautés et les riverains ne seront tenus *à aucune indemnité*, ni à aucun remboursement pour *frais de plantation* ou autre.

« 17. Dans les lieux où les Communes pourraient être dans l'usage de s'approprier les *arbres épars* sur les fonds des propriétaires particuliers, ces derniers auront la libre disposition desdits arbres.

« 18. Jusqu'à ce qu'il ait été prononcé relativement aux *arbres* plantés sur les *grandes routes nationales*, NUL NE POURRA *s'approprier lesdits arbres et les abattre.*

« Leurs *fruits* seulement, et les *bois morts*, appartiendront aux propriétaires *riverains.*

« Il en sera de même des *émondages*, quand il sera utile d'en faire.

« Ce qui ne pourra avoir lieu que *de l'agrément* des Corps administratifs; et à la charge, par lesdits riverains, *d'entretenir lesdits arbres*, et de *remplacer les morts.*

« 19. Il est *dérogé* aux lois antérieures, en tout ce qu'elles renferment *de contraire* aux dispositions du présent décret. »

9. Ainsi cette deuxième loi retira aux ci-devant

seigneurs, pour les attribuer aux *riverains*, les *arbres existans* sur les *chemins vicinaux*.

Elle retira également aux Communautés, pour les conférer aux *riverains*, les arbres alors *existans sur les* RUES *des villes, bourgs et villages ;* à moins qu'elles ne justifient, *par titre* ou *possession*, en avoir *acquis* ou *prescrit la propriété*.

Quant aux arbres existans *sur les* PLACES *des bourgs, villes et villages ;* ceux-là seulement sont déclarés appartenir, de droit, *aux Communes ;* à moins que des particuliers, *non seigneurs,* ne prouvent y avoir acquis des droits, *par titre ou possession*.

Enfin, cette loi de 1792 ne retire pas seulement aux ex-seigneurs les arbres dans la possession desquels ils avaient été maintenus par celle de 1790, pour les attribuer aux Riverains et aux Communes; mais elle dispense ceux-ci de payer aux premiers *aucune indemnité*, pas même *les frais de plantation*.

10. En 1793, on essaya de faire révoquer cette *loi du* 28 *août* 92, en ce qu'elle avait attribué aux riverains, plutôt qu'aux Communes, les arbres plantés sur les chemins vicinaux.

Cette réclamation appuyée par quelques députés, fut renvoyée à l'examen du *Comité d'agriculture ;* et', *le* 9 *février* de ladite année 93, est intervenu le DÉCRET suivant :

« *Sur le rapport du Comité d'agriculture*, relativement à diverses pétitions présentées à la Convention nationale, sur l'exécution de *l'art.* 14 de la loi *du* 28 *août* 1792, portant *que les arbres plantés le long des chemins appartiennent aux propriétaires riverains :* — LA CONVENTION *passe à l'ordre du jour* ». (Feuilleton n° 155, p. 2).

Ainsi fut maintenue, en parfaite connaissance de cause, la dispositiou du décret de la législature précédente, qui avait attribué *aux riverains*, à l'exclusion des communes, les arbres plantés sur les chemins vicinaux.

11. Sous le Gouvernement du *Directoire* et des *deux Conseils législatifs*, nous ne trouvons à remarquer que l'Arrêté suivant, concernant les *chemins vicinaux*.

Du 23 messidor an 5 (11 juillet 1797).

ARRÊTÉ *du Directoire exécutif*, ainsi conçu :

« Vu les art. 2 et 3 de la section 6 de la loi du 6 octobre 1791 (sur la police rurale) ;

Le Directoire ARRÊTE ce qui suit :

« *Art.* 1er. Dans chaque département, l'Administration centrale fera dresser un état général des *chemins vicinaux* de son arrondissement.

« 2. D'après cet état, elle constatera l'utilité de chacun des chemins.

« 3. Elle désignera ceux qui, à raison de leur utilité, doivent être conservés ; et *prononcera la suppression de ceux reconnus inutiles*.

« 4. L'emplacement de ces derniers sera *rendu à l'agriculture*. »

12. Sous le Gouvernement des CONSULS, dans le cours des années XI et XII (1803, 1804), furent décrétées et promulguées les différentes lois, dont la réunion a composé le CODE CIVIL.

Il convient d'en rappeler ici quelques dispositions qui se rattachent à notre sujet.

Articles du CODE CIVIL, en ce qui *concerne les Chemins, Arbres et Plantations.*

« *Art.* 538. Les *chemins*, routes et rues, *à la charge de la nation*,..... et généralement les portions du territoire national, qui ne sont pas susceptibles d'une propriété privée, sont considérés comme des dépendances du *Domaine public.*

« *Art.* 551. Tout ce qui s'unit et s'incorpore à la chose, appartient au propriétaire, suivant les règles qui seront ci-après établies.

« *Art.* 552. *La propriété du* SOL emporte la propriété du *dessus* et du *dessous.* — Le propriétaire peut faire au-dessus toutes les *plantations* et constructions qu'il juge à propos ; sauf les exceptions établies....

« *Art.* 553. Toutes constructions, *plantations* et autres ouvrages sur un terrain, sont présumés faits par le propriétaire, à ses frais, et lui appartenir, si le contraire n'est prouvé ; etc.

« *Art.* 554. Le propriétaire du sol, qui a fait des constructions, *plantations* et ouvrages, avec des matériaux qui ne lui appartiennent pas, doit en payer la valeur. Il peut aussi être condamné à des dommages et intérêts ; mais le propriétaire de ces matériaux n'a pas le droit de les enlever.

« *Art.* 671. Il n'est permis de *planter des Arbres de haute tige,* qu'à la distance prescrite par les réglemens particuliers, actuellement existans, ou par les usages constans et reconnus ; et, à défaut de réglemens et usages, qu'à la distance de *deux mètres* de la ligne séparative des deux héritages, pour les *arbres à haute tige ;* et à la distance d'un *demi-mètre,* pour les *autres arbres* et *haies vives.*

« *Art.* 672. Le voisin peut exiger que les arbres et haies plantés à une moindre distance, soient arrachés ; — celui, sur la propriété duquel avancent les branches des arbres du voisin, peut contraindre celui-ci à couper ces branches. — Si ce sont les racines qui avancent sur son héritage, il a le droit de les y couper lui-même.

« *Art.* 673. Les arbres qui se trouvent dans la haie mitoyenne, sont mitoyens comme la haie, et chacun des deux propriétaires a droit de requérir qu'ils soient abattus. »

13. Enfin nous arrivons à une Loi *spéciale*, concernant les *plantations* qu'il peut y avoir lieu de faire, tant sur les *grandes routes*, que sur les *chemins vicinaux*.

C'est la Loi *du* 9 *ventôse an* 13.

Nous avons ci-devant donné les articles de cette loi relatifs aux plantations des *grandes routes*. (Part. 1re., chap. 1, n°. 22, p. 9).

Suite de la Loi *du* 9 *ventôse an* 13, *en ce qui concerne les chemins vicinaux.*

« ART. 6. *L'Administration publique* fera rechercher et reconnaître les anciennes limites des chemins vicinaux ; et fixera, d'après cette reconnaissance, leur largeur, suivant les localités ; sans pouvoir cependant, lorsqu'il sera nécessaire de l'augmenter, la porter au-delà de *six mètres*, ni faire aucun changement aux chemins vicinaux qui excèdent actuellement cette mesure.

« *Art.* 7. A l'avenir, nul ne pourra *planter* sur le bord des chemins vicinaux, même sur sa propriété, sans leur conserver la largeur qui leur aura été fixée en exécution de l'article précédent.

« *Art.* 8. Les *poursuites en contravention* (1) aux dispositions de la présente loi, seront portées devant les *Conseils de préfecture*; sauf le recours au *Conseil d'Etat.* » (Bull. des lois, n°. 35, p. 362.)

13. A ces dispositions textuelles de la *loi du* 9 *ventôse an* 13, il ne sera pas inutile de joindre la partie du Discours de présentation de cette loi au Corps-Législatif, ayant trait aux articles ci-dessus.

Extrait du DISCOURS *de présentation de la Loi ci-dessus.*

« Depuis long-temps, l'agriculture réclame quelques dispositions législatives, plus précises que celles qui sont actuellement en vigueur, sur les *chemins vicinaux.*

« Des empiétemens successifs les ont, dans quelques parties de la France, rendus tout-à-fait impraticables; et il n'a pas paru déplacé, dans une loi qui traite du perfectionnement des chemins publics, de s'occuper des moyens d'améliorer ceux qui sont les canaux de l'exploitation des terres, et une partie si essentielle de l'économie rurale.

---

(1) On a sans doute voulu dire *les poursuites des contraventions...* .

« D'ailleurs, cette matière se rattachait naturellement à la loi, sous le rapport de la *plantation des chemins vicinaux,* qu'il convenait de ne pas passer sous silence, et qui demandait aussi d'être réglée, autant qu'il était permis de le faire; *uniquement pour empêcher que les plantations ne se continuassent sans aucune restriction, et ne finissent par obstruer entièrement ces chemins.* »

. . . .

« On a essayé de pourvoir à l'un et à l'autre objet, par les dispositions des art. 6 et 7 de la loi.

« L'*Administration publique* est autorisée à faire reconnaître et rechercher les anciennes limites des chemins vicinaux, et à fixer ensuite, d'après cette reconnaissance, leur largeur, suivant les localités.

« Mais, en même temps, elle ne peut, lorsqu'il sera nécessaire d'augmenter cette largeur, la porter au-delà de *six mètres.*

« Le principe de cette disposition se trouve dans l'esprit qui a dicté le reste de la loi.

« En effet, la largeur de *six mètres* est suffisante pour l'exploitation; elle permet le passage de deux voitures; et, en supposant que les limites retrouvées d'un ancien chemin vicinal, lui donnassent une plus grande dimension, quelle nécessité d'enlever à l'agriculture une portion de terrain dont elle tire aujourd'hui un utile produit, pour le rendre au luxe stérile d'un chemin (1)?

« Mais, en même temps, la Loi veut, qu'une fois cette largeur nécessaire déterminée, personne ne puisse la restreindre; *et elle oblige tout pro-*

_____

(1) Plusieurs arrêts du Conseil d'Etat ont décidé le contraire.

*priétaire qui veut planter sur le bord des chemins
vicinaux, à la respecter.*

« Ainsi, ce que demandaient l'utilité publique
et les besoins d'exploitations, est accordé ; sans
qu'aucune représentation légitime puisse s'élever ;
sans qu'aucun propriétaire puisse se plaindre d'être
arbitrairement dépossédé, ou inutilement gêné
dans l'usage de sa propriété, etc. »

14. Quelques mois après, le *Ministre de l'Intérieur* fit paraître une *Instruction* pour l'exécution
de cette loi.

Mais elle ne parle que des mesures à prendre
pour la fixation de la *largeur* des chemins ; elle ne
dit pas un mot des plantations qui pourront y être
faites. En voici les principales dispositions :

Du 7 prairial an 13 (27 mai 1805).

INSTRUCTION MINISTÉRIELLE *pour l'exécution de
l'art. 6 de la Loi du 9 ventôse précédent.*

. . . .

« Pour l'exécution de l'*art.* 6 de la loi ci-dessus,
il paraît convenable que vous chargiez chaque
maire, de former l'ÉTAT *des chemins vicinaux de sa
commune.* Cet état devra en indiquer la direction,
les différentes largeurs.

« S'il existe quelques titres qui fassent connaître
ces particularités, ou qui constatent simplement
que ces chemins sont une propriété communale ou
publique, il en sera fait mention sur cet état ; le
maire y joindra des observations sur les élargissemens qu'il serait utile de leur donner, soit en général, soit partiellement.

8

« L'état, ainsi disposé, devra être *publié* dans la commune.

« Les habitans seront invités à en prendre connaissance, et à adresser au maire, dans un délai de *quinze jours*, les réclamations qu'ils pourraient avoir à faire, soit sur la *largeur*, soit sur la *direction*, ou la *propriété* desdits chemins.

« Le tout sera ensuite, ainsi que l'état dressé par le maire, soumis au Conseil municipal, qui devra vérifier les faits énoncés par le maire, et délibérer, tant sur les dispositions proposées par celui-ci, que sur les difficultés ou réclamations élevées par les habitans.

« Il donnera son avis sur les *élargissemens* à faire ; et il établira, d'après le vu ou l'absence des titres, s'ils doivent s'opérer, à titre gratuit, sur les propriétés contiguës ; ou si la commune doit payer la valeur des terrains à acquérir.

« Vous ferez remarquer, à ce sujet, aux Conseils municipaux, que ni la *loi du 9 ventôse dernier*, ni aucune autre, ne déroge aux principes conservateurs des propriétés privées, et que, *si le besoin public exige qu'on prenne une portion de ces propriétés, la loi veut qu'on indemnise préalablement les propriétaires.*

« La délibération du Conseil municipal sera *soumise au Sous-Préfet.*

« Ce fonctionnaire discutera les points contentieux ; il vous donnera un avis motivé, d'après lequel le Conseil de préfecture approuvera, ou modifiera les vues du conseil municipal, en fixant irrévocablement les *largeurs* des différens chemins, et en soumettant la commune à payer, à dire d'experts, les terrains nouveaux dont elle aura besoin.

« Les *chemins vicinaux* sont généralement composés de *terrains acquis par les communes;* ils forment une *partie des biens communs : la connaissance des usurpations doit donc appartenir aux Conseils de préfecture.*

« Vous reconnaîtrez facilement, Monsieur, que cette attribution, donnée aux Conseils de préfecture, par les dispositions combinées des deux lois du 9 ventôse an XII, et du 9 ventôse an XIII, ne nuit en rien au pouvoir qu'ont toujours les *Tribunaux,* de connaître *des questions de propriété,* relatives à *tous autres terrains que ceux que l'on peut supposer devoir faire partie des chemins vicinaux.*

« Au reste, le Conseil, dans l'exercice de cette attribution, ne devra pas perdre de vue, qu'elle lui est donnée comme objet d'administration ; il devra, par conséquent, distinguer les *usurpations manifestes,* des *empiètemens douteux,* ou très-anciens; et lorsqu'il ne lui sera pas évidemment prouvé qu'un terrain a dû, de mémoire d'homme, faire partie du chemin auquel il s'agira de rendre sa largeur, il sera de sa justice d'obliger les communes à *dédommager* les propriétaires.

« La *largeur* des chemins vicinaux peut, suivant les cas, être fixée par l'une ou l'autre partie de l'Autorité préfectorale. Lorsque la reconnaissance des chemins d'une commune n'aura fait naître aucune réclamation, *sa fixation sera faite par le Préfet,* agent d'exécution; elle le sera *par le Conseil de préfecture,* lorsqu'il y aura eu *réclamation,* et conséquemment *contestation* sur l'ancienne largeur (1).

_____

(1) Plusieurs arrêts du Conseil d'Etat sont contraires à ce passage de l'Instruction.

8 *

« L'établissement, la direction, le changement et l'entretien des chemins vicinaux, restent dans les attributions du préfet, etc. . . . »

. . . .

15. Maintenant, il ne nous reste plus à signaler, concernant les chemins *vicinaux*, que la loi *du* 28 *juillet* 1824, prescrivant un nouveau mode de *réparation de ces chemins.*

(Du 28 juillet 1724.)

Loi *relative aux chemins vicinaux, aux moyens de les réparer et entretenir.*

« ART. 1ᵉʳ. *Les chemins reconnus,* par un arrêté du préfet, sur une délibération du conseil municipal, *pour être nécessaires à la communication des communes,* sont à la charge de celles sur le territoire desquelles ils sont établis ; sauf le cas prévu par l'art. 9 ci-après.

« 2. Lorsque les revenus des communes ne suffisent point aux dépenses ordinaires de ces chemins, il y est pourvu par des *prestations* en argent ou en nature, au choix des contribuables.

« 3. Tout habitant, chef de famille ou d'établissement, à titre de propriétaire, de régisseur, de fermier ou de colon partiaire, qui est porté sur l'un des rôles des contributions directes, peut être tenu pour chaque année ;

« 1°. A une prestation qui ne peut excéder deux journées de travail ou leur valeur en argent, pour lui et pour chacun de ses fils vivant avec lui, ainsi que pour chacun de ses domestiques mâles, pourvu

que les uns et les autres soient valides et âgés de
vingt ans accomplis ;

« 2°. A fournir deux journées , au plus , de
chaque bête de trait ou de somme , de chaque
cheval de selle, ou d'attelage de luxe , et de chaque
charrette , en sa possession, pour son service , ou
pour le service dont il est chargé.

« 4. En cas d'insuffisance des moyens ci-dessus ,
il pourra être perçu , sur tout contribuable, jusqu'à
cinq centimes additionnels au principal des ses
contributions directes.

« 5. Les *prestations* et les cinq centimes mentionnés dans l'article précédent, seront votés par
les Conseils municipaux , qui fixeront également le
taux de la conversion des prestations en nature. —
Les préfets en autoriseront l'imposition. — Le recouvrement sera poursuivi comme pour les contributions directes. Les dégrèvemens prononcés
sans frais ; les comptes rendus comme pour les
autres dépenses communales.

« Dans le cas prévu par l'art. 4 , les Conseils
municipaux devront être assistés des plus imposés,
en nombre égal à celui de leurs membres.

« 6. Si des travaux indispensables exigent qu'il
soit ajouté par des contributions extraordinaires
au produit des prestations, il y sera pourvu , conformément aux lois, par des ordonnances royales.

« 7. Toutes les fois qu'un chemin sera habituellement ou temporairement *dégradé* , par des
exploitations de mines, de carrières, de forêts,
ou de toute autre entreprise industrielle, il pourra
y avoir lieu d'obliger les entrepreneurs ou propriétaires à des subventions particulières ; lesquelles seront , sur la demande des communes ,

réglées par les Conseils de préfecture, d'après des expertises contradictoires.

« 8. Les propriétés de l'Etat et de la Couronne contribueront aux dépenses des chemins communaux, dans les proportions qui seront réglées par les Préfets, en Conseil de préfecture.

« 9. Lorsqu'un même chemin intéresse plusieurs Communes, et en cas de discord entre elles sur la proportion de cet intérêt, et sur les charges à supporter; où en cas de refus de subvenir auxdites charges, le Préfet prononce, en conseil de préfecture, sur la délibération des conseils municipaux, assistés des plus imposés, ainsi qu'il est dit à l'art. 5.

« 10. Les *acquisitions, aliénations* et *échanges,* ayant pour objet les chemins communaux, seront autorisés par arrêtés des Préfets, en Conseil de préfecture, après délibération des Conseils municipaux intéressés, et après *enquête de commodo et incommodo;* lorsque la valeur des terrains à acquérir, à vendre ou à échanger, n'excédera pas *trois mille francs.*

« 11. Seront aussi autorisés par les préfets, dans les mêmes formes, les *travaux d'ouverture ou d'élargissement desdits chemins,* et l'extraction des matériaux nécessaires à leur établissement, qui pourront donner lieu à des *expropriations pour cause d'utilité publique,* en vertu de la loi du 8 mars 1810; lorsque l'*indemnité* due aux propriétaires, pour les terrains ou pour les matériaux, n'excédera pas la même somme de *trois mille francs.* »

16. Cette loi (*du 28 juillet* 1824), est la dernière qui ait été rendue jusqu'à ce moment (8 *octobre* 1834), concernant les *chemins vicinaux;* et il s'en faut de beaucoup qu'elle ait suffisamment complété la législation de cette matière.

Aussi n'en est-il pas qui ait donné lieu à autant de difficultés, de débats et de controverses ; ainsi que l'on pourra en juger par les nombreux arrêts dont nous offrirons les principaux résultats dans un dernier chapitre.

17. MAINTENANT, que nous avons exposé la série des statuts, coutumes, lois, réglemens, décrets et arrêts, tant anciens que modernes, formant la *législation* des chemins vicinaux, nous allons passer de suite à l'examen de la question qui doit principalement trouver place dans cette dissertation.

CHAPITRE III.

A qui appartiennent les arbres existans sur les chemins vicinaux ? — A qui, le droit d'y faire des plantations nouvelles ?

---

1. Il devient d'autant plus à propos de fixer les idées sur ces deux points, que les instructions qui ont été dernièrement adressées sur ce sujet, par plusieurs préfets, aux maires des communes de leur ressort, bien que dictées par de louables intentions, nous ont paru contenir plusieurs assertions hasardées, qui ont donné naissance à de nombreux débats entre des communes et des particuliers, quelquefois même à des voies de fait qui sont toujours affligeantes pour les amis de la légalité.

2. Ainsi, par exemple, M. le préfet du CHER, dans une de ses circulaires, répondant à la question de savoir : « *Si les arbres existans sur les chemins* VICINAUX, *appartiennent aux communes ou aux propriétaires riverains*, prononce :

« Qu'il résulte bien, de la législation existante, que les *arbres de vieille écorce* appartiennent *aux propriétaires riverains*, lors même qu'ils existeraient sur le terrain des chemins ; *mais*, ajoute-t-il, *pour que ces propriétaires puissent se mettre en possession de ces arbres, il est indispensable qu'ils produisent les justifications voulues par la loi du* 12 *mai* 1825. »

Sans entendre aucunement nous écarter du respect dû à la personne de cet administrateur, nous nous permettrons de lui représenter qu'il commet ici une méprise évidente.

Il confond les arbres existans *sur les grandes routes*, avec ceux existans sur les chemins *vicinaux*.

Il applique à ceux-ci l'art. 1er. de la *loi du* 12 *mai* 1825, qui n'est relative qu'aux arbres des *routes nationales*, qui est totalement étrangère aux arbres des chemins *vicinaux*.

Il ne faut que relire le titre et le texte de cette loi, pour s'en convaincre.

Quant aux *arbres* des *chemins vicinaux*, la *loi du* 28 *août* 1792, est la seule applicable ; et cette loi, qui jusqu'à présent n'a été modifiée par aucune autre en ce point, dispose en termes absolus : « *que* TOUS *les arbres actuellement existans sur les*

« *chemins publics, autres que les grandes routes*
« *nationales, sont censés appartenir* AUX PROPRIÉ-
« TAIRES RIVERAINS ; *à moins que les communes*
« *ne justifient en avoir* ACQUIS *la propriété par titre*
« *ou possession.* »

Ainsi, d'après la disposition expresse de cette
loi, les propriétaires riverains des chemins vicinaux sont déclarés propriétaires, de plein droit,
des arbres existans sur les chemins vicinaux, sans
avoir rien à justifier, que leur qualité de propriétaires des terrains contigus à ces chemins.

Aux Communes seules, qui veulent prétendre
à ces arbres, est imposée l'obligation de justifier
qu'elles en ont *acquis* la propriété, *par titre ou*
possession.

3. Dans la même circulaire, M. le préfet *du*
Cher dit encore : « Ne confondons pas ici, Mes-
« sieurs, les arbres *plantés*, avec ceux *crûs natu-*
« *rellement* sur le terrain des chemins vicinaux.
« — *Tout ce qui s'unit et s'incorpore à la chose*,
« dit l'art. 551 du Code civil, *appartient au pro-*
« *priétaire.* — Or, un arbre crû sur un chemin
« vicinal, est le produit du sol; et ce sol appar-
« tient à la Commune. — Donc la commune a la
« propriété de l'arbre. »

4. D'abord, quoi qu'en dise M. le préfet, nulle
distinction n'est à faire ici, entre les arbres *plan-*
tés, et ceux *crûs naturellement*, sur les chemins
vicinaux ; puisque la loi les a *tous* également attribués aux riverains, sans mettre entre eux aucune
différence : TOUS *les arbres existans sur..... ap-*
partiennent.....

Ensuite *la mineure* du syllogisme de M. le préfet n'est nullement exacte. On y suppose que, de tout temps, *le sol des chemins vicinaux avait appartenu aux Communes.*

Il y a ici *pétition de principe*, supposition toute gratuite.

Dans le Droit romain, les chemins publics, par cela même qu'ils étaient *publics*, à l'usage de tout le monde, étaient déclarés n'appartenir à personne. *Id nullius in bonis est.* (*Instit.*)

Sous le régime féodal, les chemins vicinaux furent réputés constamment appartenir aux seigneurs; jamais aux communes.

Et, lorsque l'Assemblée constituante eut proclamé l'abolition de ce régime, notamment la suppression des droits de justice et de voierie seigneuriale, elle se garda bien de prononcer que désormais les Communes seraient réputées propriétaires des chemins vicinaux. On ne trouvera cette reconnaissance dans aucun de ses décrets.

La Législature suivante, dans son *Décret du 28 août* 1792, ne le prononça pas davantage; elle décide implicitement le contraire, puisque ce n'est pas aux communes qu'elle attribue les arbres de ces chemins, mais *aux riverains,* aux riverains seuls.

Sous la Convention, le contraire est encore implicitement entendu dans un Décret *du* 16 *frimaire an* 2, portant que les *grands chemins* seront entretenus par le *trésor public,* et les chemins *vicinaux* aux frais *des administrés.*

5. Le Directoire exécutif était si loin de penser que les chemins vicinaux fussent la propriété des communes, que, dans un *Arrêté du 23 messidor an* 5, par lequel il charge les Administrations dé-

partementales de faire un recensement des chemins vicinaux de leur ressort, il les autorise à *prononcer la suppression de ceux qu'elles jugeront
inutiles, et à rendre leur emplacement à l'agriculture.*

6. Ce n'est que sous le Gouvernement des Consuls
que, dans des vues purement fiscales, pour mettre
entièrement à la charge des communes l'entretien
des chemins vicinaux, on imagina d'énoncer, dans
quelques arrêtés ou décrets, que les chemins doivent être considérés comme appartenant aux communes.

Admettons que de simples décrets d'administration aient pu valablement attribuer aux communes les chemins vicinaux, au moins faudra-t-il
reconnaître que cette concession serait de beaucoup
postérieure à l'attribution faite aux riverains par la
loi du 28 août 1792, de TOUS les arbres alors existans sur les chemins vicinaux.

Par conséquent, ici ne peut être invoqué par les
communes, le principe inséré dans l'*art.* 551 du
Code civil : Que tout ce qui s'unit et s'incorpore à
la chose de quelqu'un, appartient de droit au propriétaire de cette chose.

Les communes n'étaient pas propriétaires du sol
des chemins vicinaux avant la révolution, ni même
long-temps encore après. Ce point ne peut être
raisonnablement contredit.

Les arbres plantés ou crûs naturellement sur ces
chemins avant la révolution ne furent donc point
unis ni incorporés *à la* CHOSE *des communes.* Ils
ne peuvent donc être réputés, de ce chef, appartenir aux communes.

Une autre vérité de fait, qui ne peut être déniée, c'est que la Puissance législative a statué, en août 1792, que TOUS *les arbres alors existans sur les chemins vicinaux*, de quelque nature et origine qu'ils fussent, seraient de droit *censés appartenir aux propriétaires riverains*, et que les *communes* n'y peuvent rien prétendre, *à moins qu'elles ne justifient avoir* ACQUIS *ces arbres* PAR TITRE *ou* POSSESSION.

Or cette loi n'a été révoquée ni modifiée par aucune autre; elle subsiste encore aujourd'hui dans toute sa force. Il faut donc la respecter; et les communes, les maires et les préfets, lui doivent obéissance, tout ainsi que les particuliers.

8. Passons à une autre question.

On nous a dernièrement communiqué une sorte d'ordonnance de M. le préfet du département DU NORD, qui mérite une attention particulière.

Ce préfet débute, dans le préambule, par énoncer, comme chose certaine, qu'il résulte du Décret *du 26 juillet* 1790 (sanctionné *le 15 août suivant*), ainsi que du Décret *du 28 août* 1792, que les propriétaires riverains ne peuvent aucunement prétendre avoir le droit de faire des plantations sur le sol des chemins vicinaux ou communaux; que le décret de 92 ne leur a attribué que les *arbres alors existans* sur ces chemins; que par cela même il leur a interdit d'y planter des arbres nouveaux; que ce droit ne peut appartenir qu'aux *propriétaires du sol* de ces chemins, par conséquent *aux communes*.

Puis M. le préfet ordonne plusieurs dispositions réglementaires, notamment celles-ci :

« ART. 1er. Les propriétaires riverains des chemins communaux sont *maintenus dans la pro-*

priété des arbres qui ont été plantés sur le sol desdits chemins, antérieurement à la loi du 28 août 1792, et qui existent encore aujourd'hui; — mais à la charge de les abattre dans les délais qui seront fixés, s'il était reconnu par nous que ces arbres sont nuisibles à l'asséchement et à la viabilité desdits chemins; — et sans qu'ils puissent prétendre les remplacer par de nouvelles plantations; ATTENDU que le droit de planter sur le sol des chemins vicinaux appartient à la commune, comme propriétaire desdits chemins ; sauf titres contraires.

« ART. 2. Ceux des propriétaires riverains des chemins communaux qui ont planté des arbres sur le sol desdits chemins, postérieurement à la loi précitée, en vertu d'arrêtés particuliers qui les y ont autorisés, sont également maintenus; sous la réserve portée en l'art. 1er. ci-dessus, dans la propriété de ces arbres.

« ART. 3. Tous les arbres, tant à basse qu'à haute tige, plantés sans autorisation, soit sur le sol des chemins communaux, soit sur les terres riveraines, à une distance moindre de un mètre 66 centimètres des crêtes ou bords extérieurs des fossés formant la ligne séparative des propriétés de la commune et des riverains, seront abattus; — néanmoins, ceux de ces arbres plantés sur le sol du chemin, et qui offrent une plantation régulière, non nuisible au chemin, seront conservés, et la commune en demeurera propriétaire, comme étant plantés sur son terrain; — sauf au planteur à se pourvoir, s'il y a lieu, pour obtenir le remboursément des frais de plantation, etc. »

9. Ainsi qu'on vient de le voir, M. le Préfet du

département *du Nord* ne partage point l'opinion émise par son collègue *du Cher*, quant aux arbres existans sur les chemins vicinaux à l'époque de la loi du 28 août 1792.

Il reconnaît que, d'après cette loi, ils appartiennent incontestablement *aux propriétaires riverains*, sans que ceux-ci aient à faire preuve qu'ils ont planté ou acheté ces arbres.

Mais M. le préfet du nord impose au droit de propriété des riverains, deux autres restrictions :

C'est, d'une part, qu'ils seront *tenus d'abattre* ceux de ces arbres qui seront par lui reconnus nuisibles.

C'est, en second lieu, qu'en cas d'abattage, soit forcé, soit volontaire, *ils ne pourront remplacer les arbres abattus*, ni se permettre de faire *aucune plantation nouvelle* sur ces mêmes chemins; le droit de les planter ne pouvant désormais, suivant lui, appartenir qu'aux communes.

10. Dans la première disposition, nous ne voyons rien que de raisonnable.

Il appartient assurément à chaque Préfet, d'ordonner, dans son département, tout ce qu'il juge nécessaire pour procurer la viabilité des chemins vicinaux. Plusieurs lois et décrets leur donnent ce pouvoir. (Lois du 11 septembre 1790, du 9 ventôse an 13, du 28 juillet 1824.)

Lors donc qu'un préfet, dans le cours de ses visites, ou sur un rapport qui lui en est fait, reconnaît que tel chemin vicinal est notablement endommagé par les arbres qui en bordent les côtés, soit parce que les deux rangées parallèles sont trop rapprochées, et ne laissent pas un intervalle suffisant pour la circulation; soit parce que, trop serrés, trop grands et trop touffus, les arbres entretiennent dans le chemin une humidité nuisible ; sans nul doute, il a le droit, il est même *de son devoir,* d'ordonner que ces arbres seront arrachés et supprimés ; sauf le droit au propriétaire qui se trouverait lésé par cette ordonnance, d'en appeler au Ministre de l'Intérieur ; comme aussi au Conseil-d'état, dans le cas d'une décision ministérielle, qu'il croirait contraire à quelque loi ou réglement.

10. Mais nous ne pouvons donner le même assentiment à la deuxième disposition, portant : « que les propriétaires riverains, après avoir abattu les arbres reconnus leur appartenir, *ne pourront les remplacer par de nouvelles plantations, attendu que le droit de planter sur le sol des chemins vicinaux ne peut appartenir qu'aux communes, propriétaires de ces chemins.* »

Cette dernière assertion nous paraît susceptible d'une contradiction sérieuse, et même de la preuve du contraire.

CHAPITRE IV.

Que les Riverains, formellement déclarés, par la loi d'août 92, propriétaires de tous les arbres alors existans sur les chemins vicinaux, ont aussi le droit de les renouveler et remplacer.

Pour d'autant mieux établir cette proposition, et en éclairer la discussion, commençons par rap-

peler encore une fois les lois principales de la matière ; savoir : 1°. le *Décret du 26 juillet* 1790 ,
sanctionné *le* 15 *août suivant ;* 2° le *Décret du* 28
août 1792 ; 3°. la *Loi du* 9 *ventôse an* 13 , ou 28
février 1805.

1. Dans le *Décret du 26 juillet* 1790 , remarquez
d'abord ces deux articles :

« *Art.* 2. *Le droit de planter des arbres*, ou de
s'approprier les arbres mêmes , *sur les chemins
publics , rues et places des villages* , bourgs et
villes , *dans les lieux où il était attribué aux ci-
devant seigneurs*, par les coutumes , statuts ou
usages ; *est aboli.*

« *Art.* 3. Dans les lieux énoncés dans l'article
précédent , *les arbres existans actuellement sur les
chemins publics*, rues et places des villages, bourgs
ou villes , *continueront d'être à la disposition des
ci-devant seigneurs qui en ont été jusqu'à présent
réputés propriétaires :* SANS PRÉJUDICE DES DROITS
DES PARTICULIERS QUI AURAIENT FAIT DES PLANTA-
TIONS VIS-A-VIS DE LEURS PROPRIÉTÉS, *et qui n'en
auraient pas été légalement dépossédés par les ci-
devant seigneurs.* »

2. Ainsi, dans ces articles , l'Assemblée constituante n'abolit que le droit, jusqu'alors attribué aux
seigneurs , de planter des arbres sur les chemins
publics (autres que les routes royales); et en même
temps qu'elle abolit ce privilége féodal , elle leur
conserve néanmoins les arbres *actuellement existans,* et dont jusqu'alors ils avaient été réputés propriétaires.

Mais, aussitôt, le législateur réfléchit : que même
dans les localités où les seigneurs étaient réputés

avoir, seuls, le droit de planter sur les chemins, il est possible que des riverains *aient fait sur ces chemins, des plantations en face de leurs propriétés ;* et alors il déclare qu'il veut et entend qu'il ne soit porté aucun préjudice au droit résultant pour eux de ces plantations; si déjà ils n'ont pas été légalement dépossédés.

Prononcer ainsi, c'était clairement reconnaître et déclarer qu'il appartenait naturellement, légalement, aux propriétaires riverains des chemins vicinaux, de planter sur ces chemins; et que, cessant l'usurpation féodale, ils devaient reprendre l'exercice de ce droit.

3. La même pensée se manifeste encore dans l'art. 4 : « *Pourront, les arbres existans actuellement sur ces chemins* (et maintenus aux seigneurs), *être rachetés par les propriétaires riverains, chacun vis-à-vis de sa propriété.* »

Pourquoi le législateur veut-il ici, que les riverains aient la faculté de racheter les arbres non plantés par eux, chacun en face de sa propriété; bien visiblement, parce qu'il est dans son intention qu'à l'avenir, il n'y ait plus que les riverains qui puissent posséder des arbres sur les chemins vicinaux, chacun vis-à-vis de sa propriété.

4. La même intention se manifeste d'une manière encore plus énergique, dans le Décret rendu par la seconde législature, en date *du 28 août* 1792.

Art. 14. « Tous *les arbres existans actuellement* « *sur les chemins publics, autres que les grandes* « *routes nationales,* et sur les rues des villes, « bourgs et villages, SONT CENSÉS APPARTENIR AUX

« PROPRIÉTAIRES RIVERAINS ; *a moins que les* COM-
« MUNES *ne justifient en avoir acquis la propriété*
« *par titre ou possession.* »

Ainsi, par ce second décret, les *riverains* sont déclarés positivement les propriétaires naturels, et
de droit, de tous les arbres alors existans sur les
chemins vicinaux; même de ceux étant sur les rues
des bourgs, villes et villages : à l'exclusion des
communes.

Par exception à cette règle générale, les communes ne seront admises à réclamer quelques-uns
de ces arbres, qu'autant qu'elles pourront *justifier*
légalement qu'elles en avaient *acquis la propriété*,
soit *par titre*, soit *par possession*.

Par titre ; c'est-à-dire en les achetant de ceux
qui, avant la révolution, en étaient légalement propriétaires et avaient le droit de les vendre.

Par possession ; c'est-à-dire par une possession
paisible, et à titre de propriétaire, prolongée assez
long-temps pour opérer *prescription*.

On ne pouvait plus clairement proclamer que les
communes ne peuvent aucunement se prétendre
propriétaires, de plein droit, des chemins vicinaux,
non plus que des arbres existans sur ces chemins.

Un propriétaire n'a pas besoin du secours de la
prescription.

On ne prescrit pas sur soi-même.

5. A la vérité, le décret ne s'occupe que des arbres *alors existans*. Il ne parle point des plantations
qui pourront avoir lieu *à l'avenir*. Il se borne à
dire, quant à présent, que *tous les arbres actuellement existans sur les chemins et dans les rues
des bourgs et villages*, *sont censés*, de droit, *ap-*

partenir aux propriétaires riverains, et non aux communes.

Mais, bien certainement, le législateur ne donne ainsi la préférence aux riverains, que parce qu'il les considère comme devant être aussi présumés *avoir fourni le terrain des chemins et des rues.*

Parce qu'en effet il est notoire que, dans le principe, tous les chemins se sont successivement formés aux dépens des propriétés qu'ils traversent; qu'ils se sont formés par le seul fait du passage, plus ou moins répété, des habitans, sur les terres d'autrui, pour communiquer d'un lieu à un autre; passage facilement toléré par les propriétaires, dans un temps où les terrains de la campagne étaient loin d'avoir la valeur qu'ils ont acquise depuis.

Et dès-là qu'il est présumable que tous, ou presque tous les chemins vicinaux, ont été originairement pris sur les terres des riverains, il était de toute justice aussi de leur attribuer le bénéfice des arbres existans sur ces chemins; soit qu'ils y fussent venus naturellement, soit qu'ils y eussent été plantés par les ci-devant seigneurs, en vertu de leur prérogative féodale.

Ajoutons que c'est ordinairement un grand désavantage, une cruelle charge pour un propriétaire, que d'être riverain d'un chemin vicinal. Le plus souvent, surtout dans les mauvais temps, les piétons, les cavaliers, les voituriers mêmes se frayent un chemin secondaire sur son champ, foulent ses labours et ses grains, qui sont de plus presque continuellement endommagés par les bestiaux passant par le chemin vicinal.

6. Or, la raison de justice et de convenance, qui détermina les législateurs de 92 à conférer aux

9*

riverains le bénéfice des arbres alors existans sur les chemins vicinaux, ne commande-t-elle pas également de leur laisser la faculté de remplacer les arbres quand ils cessent d'exister, et que d'ailleurs le chemin est assez large pour comporter une plantation nouvelle?

7. Quoi! la Législature qui se montra si généreuse, si *prodigue* même envers les communes, dans son *Décret du 28 août 1792*; qui les dota de toutes les landes et bruyères de leur territoire jusqu'alors réputées appartenir aux seigneurs; qui les autorisa à rentrer dans les portions de communaux par elles anciennement aliénées, ou cédées, par voie de *triage*, partage, ou autrement; *nonobstant tous édits jugemens et arrêts; nonobstant toutes transactions, prescriptions ou possessions contraires;* qui pouvait tout aussi bien leur attribuer la propriété des *arbres* existans sur les chemins vicinaux, en même temps qu'elle retirait ces arbres aux seigneurs; elle déclare, au contraire, que les seuls riverains pourront en *disposer;* et cela, parceque, dit-elle, ces arbres *sont censés leur appartenir de plein droit!*

Elle fait plus; elle exclut formellement *les communes* de toute participation aux bénéfices de ces arbres : « *à moins qu'elles ne justifient en avoir acquis la propriété par titre ou possession.* »

8. Certes, encore une fois, elle ne peut avoir ainsi statué que parce qu'elle considéra les chemins vicinaux comme un accessoire, comme une dépendance naturelle des fonds qui les bordent et sur lesquels ils ont été originairement pris.

Ce n'est certainement que par suite de cette conviction, qu'elle déclare que les arbres nés ou plantés sur ces chemins, doivent être réputés appartenir aux propriétaires riverains.

Or, déclarer les riverains propriétaires de ces arbres, les autoriser même à en disposer, sans être tenus d'aucun remboursement des frais de plantation (ainsi qu'il est ordonné par l'art. 16), c'était virtuellement les autoriser à remplacer ces arbres, quand ils viendraient à mourir, à être coupés par le propriétaire, ou renversés par quelque accident.

Cette faculté de remplacer, de renouveler les arbres dont les riverains furent déclarés propriétaires, dérive tout naturellement de cette déclaration de propriété.

Quiconque est reconnu propriétaire de tels arbres situés en tel lieu, et par le motif que c'est lui qui a fourni le terrain qui les porte, est évidemment, par cela même, déclaré avoir droit de les couper et renouveler, à moins que la même loi ne lui en interdise expressément la faculté.

C'est ce que l'Assemblée constituante avait encore consacré, dans un article de son Décret *du* 26 *juillet* 1790 ; savoir, *l'art.* 8, où il est dit que dans le cas où les seigneurs auraient fait des plantations sur certaines parties de chemins qu'ils auraient ajoutées à la voie publique ; ces plantations leur seront conservées, et pourront être par eux *renouvelées.*

10. Voyons, au surplus, la loi qui, postérieurement au Décret du 28 août 1792, a parlé des chemins vicinaux.

Cette Loi est celle *du 9 ventôse*, an 13, (28 février 1805.)

Après avoir chargé les Préfets de rechercher et constater l'existence des chemins vicinaux, de fixer leur largeur, cette loi prononce, *art.* 7 :

« *A l'avenir nul ne pourra planter sur le bord des chemins vicinaux*, MÊME DANS SA PROPRIÉTÉ, *sans leur conserver la largeur qui leur aura été fixée.* »

D'abord, ces mots : « *nul ne pourra planter....* » se rapportent visiblement aux propriétaires riverains des chemins vicinaux, puisqu'il est ajouté de suite : « *sur les bords des chemins vicinaux*, MÊME DANS SA PROPRIÉTÉ... »

Et aussitôt l'article ajoute encore : « *sans leur conserver la largeur qui aura été fixée.* »

Ce qui est bien la même chose que si la loi portait : « *chaque riverain peut planter sur les bords des chemins vicinaux qui traversent sa propriété, mais à la condition de leur conserver la largeur fixée par le préfet, et de ne pas obstruer ces chemins vicinaux par des plantations trop rapprochées.* »

La preuve que telle est la pensée de l'article, nous est fournie par le *discours* même de présentation de la loi, où il est dit textuellement que la disposition ci-dessus a pour objet : « *uniquement d'empêcher que les plantations ne se continuassent sans aucune restriction, et ne finissent par obstruer entièrement le chemin.* »

11. Du reste, pas un seul mot, ni dans cette *loi du 9 ventôse an* 13, ni dans aucune autre, qui dise que les *communes* sont propriétaires des chemins vicinaux, et qu'elles ont *seules* le droit de planter sur les chemins vicinaux.

D'après les différens textes ci-dessus rapprochés,

il est manifeste, au contraire, que le droit de planter sur les chemins vicinaux appartient aux seuls riverains; qu'ainsi ce droit n'appartient aux communes, qu'alors qu'elles sont elles-mêmes *propriétaires riveraines* de ces chemins.

12. « Mais, objecte-t-on, comment admettre que les communes n'auraient pas exclusivement le droit de planter sur les chemins vicinaux, et de profiter des arbres qui y croissent naturellement? Ce sont elles qui sont chargées de l'entretien et des réparations de ces chemins : n'est-il pas de toute justice que celui qui a les charges, ait aussi les profits? Dernièrement encore, une loi toute spéciale, *la loi du 28 juillet* 1824, a imposé aux communes l'obligation de faire aux chemins vicinaux, chacune dans son territoire, toutes les réparations nécessaires pour qu'ils fussent rendus praticables en tout temps ; et ces réparations ont coûté aux habitans, des peines, des travaux et des dépenses considérables. »

A ce raisonnement la réponse est aussi simple que péremptoire.

Dès l'année 1791, la loi sur la police rurale avait dit que « les chemins reconnus par les Directoires de départemens nécessaires à la communication des paroisses, seraient rendus praticables et entretenus aux dépens des communautés sur le territoire desquels ils sont établis. » (Art. 2 et 3 de la sect. 5, tit. 1er.)

Eh bien! l'année suivante, dans son *Décret du 28 août, art.* 14, la législature n'en prononça pas moins que tous les arbres alors existans sur ces chemins étaient attribués aux seuls riverains, et non aux communes; qu'eux seuls avaient droit d'en recueillir les fruits, et même de disposer entièrement de ces arbres selon leur volonté.

Le 9 février 1793, la Convention n'en confirma pas moins cette attribution, malgré les réclamations de plusieurs communes.

Enfin, en l'an 13 (ou 1805), sous le Gouvernement impérial, le Corps législatif confirma aux riverains le droit de planter sur les chemins vicinaux traversant leur propriété, à la charge seulement de leur conserver la largeur fixée par le préfet. (*Art.* 7 *de la loi du* 9 *ventôse.*)

Montrez-nous une loi postérieure à celles-là, qui, révoquant les dispositions ci-dessus, ait statué qu'à l'avenir le droit de planter sur les chemins vicinaux n'appartiendrait qu'aux communes!

Tant que vous ne représenterez pas une loi semblable, nous serons certainement en droit de vous dire que celles ci-dessus doivent être observées.

13. A défaut de *Loi*, on invoque pour les Communes un passage du procès-verbal des discussions préparatoires du Code civil, où l'on voit qu'à l'occasion de l'article où il s'agissait de fixer les choses composant le Domaine public, un conseiller d'état (*M. Regnauld d'Angely*) avait soutenu que les chemins vicinaux ne devaient pas être compris parmi les dépendances de ce Domaine; qu'il serait plus juste d'en attribuer la propriété aux communes, puisque c'était à elles qu'on avait imposé la charge de leur entretien.

Il est bien vrai que l'article qui fut adopté à la suite de cette discussion, (l'art. 538), ne comprit au nombre des choses du Domaine national, que les *chemins, routes et rues à la charge de la nation;* mais toujours est-il, que ni cet article du Code civil, ni aucun autre, ni aucune loi postérieure, n'a positivement attribué aux communes la propriété des chemins vicinaux non entretenus aux frais de la nation, non plus que le droit exclusif d'y faire des plantations.

Reste donc toujours, dans toute sa force, *l'article 14 de la loi du 28 août* 1792, qui a formellement conféré ce droit de plantation aux propriétaires *riverains*, ainsi que *l'art. 7 de la loi du 9 ventôse an 13*, qui leur maintient ce droit, à la charge seulement *de ne pas obstruer* la largeur fixée par le préfet, pour la libre circulation des voitures, cavaliers et gens de pied.

14. A défaut de loi, on cite encore en faveur des Communes, un Arrêté ou Décret des Consuls, *du 24 vendémiaire an XI*, confirmatif d'un arrêté de l'ancienne Administration départementale du *Rhône*, qui avait concédé à un particulier l'emplacement d'un chemin vicinal supprimé, en indemnité du terrain pris sur sa propriété pour la confection d'un nouveau chemin.

Mais le fait seul de la concession de cet ancien chemin vicinal supprimé, ordonnée par l'Administration du département, et approuvée par les Consuls, démontre qu'alors on ne considéra pas la commune comme propriétaire du sol de ce chemin.

Cependant il est vrai de dire aussi, que dans les motifs de ce Décret, il est énoncé « que la Nation n'a jamais entendu s'emparer des chemins vicinaux, lesquels se composent de terrains achetés par les communes, ou fournis gratuitement par les propriétaires pour le service particulier des communes. »

Quant à des *chemins vicinaux* dont le terrain aurait été *acheté par des communes*, on n'en trouvera pas beaucoup; il serait peut-être difficile d'en citer deux exemples.

Au contraire, il est certain, indubitable, que *presque tous* ont été *fournis gratuitement* par les propriétaires riverains.

Et comme c'est incontestablement le plus grand nombre, il est naturel et juste de présumer toujours que le sol d'un chemin a été fourni gratuitement par les propriétaires des terres qu'il traverse, à moins que le contraire ne soit prouvé.

C'est aussi, on n'en peut douter, la raison pour laquelle, dans la loi du 28 août 1792, les législateurs d'alors se déterminèrent à attribuer aux riverains, plutôt qu'aux communes, le bénéfice des arbres, de *tous* les arbres existans sur les chemins, autres que les grandes routes nationales; sauf seulement le cas où les communes justifieraient par titres avoir *acheté* ces arbres, ou les avoir conquis par voie de *prescription*.

15. Il est encore vrai que dans les motifs du même Décret des Consuls, du 24 vendémiaire, an XI, on lit : « Que d'après *la loi du 6 octobre* 1791 (sur la police rurale), et celle du 11 frimaire an 7, qui ont mis l'entretien des chemins vicinaux à la charge des communes, *il y a lieu de décider que ces chemins appartiennent, non à l'Etat, mais aux Communes.* »

Mais cette simple énonciation, insérée dans les motifs d'un Décret isolé, sur une affaire particulière, peut-elle équivaloir à une loi ? Mais, par une telle énonciation, les Consuls pouvaient-ils légalement conférer aux Communes la propriété des chemins vicinaux, lorsqu'*aucune loi* proprement dite ne leur avait encore attribué cette propriété ? Lorsqu'au contraire elle leur avait été *refusée* par le Décret du 28 août 1792, et encore par le Décret de la Convention du 9 février 1793 ?

En effet, refuser aux Communes, non-seulement les arbres plantés, mais même ceux excrus naturellement sur les chemins vicinaux, seul genre de produits que puissent donner ces sortes de terrains, c'était bien manifestement déclarer que les Communes *n'étaient pas propriétaires du sol* de ces chemins. Autrement, si on les eût considérées comme propriétaires, force eût été de leur accorder les arbres.

16. Au surplus, admettons que l'on puisse supposer que les lois qui mirent l'entretien des chemins vicinaux à la charge des communes, ont *tacitement entendu* leur attribuer *la propriété du sol* de ces mêmes chemins : soit; mais aussi on ne pourra nier que d'autres lois ont statué formellement que *les arbres* existans sur ces chemins étaient la propriété des riverains; qu'eux seuls avaient le droit d'en recueillir les fruits, comme aussi celui de les abattre, et d'en disposer entièrement à leur gré.

Or, ces deux dispositions peuvent très-bien s'accorder, s'exécuter simultanément; elles n'ont rien d'incompatible.

Il s'ensuivrait seulement que les chemins vicinaux n'ont été donnés en propriété aux communes, que *moins les arbres, à l'exception des arbres.*

Il s'ensuivrait que les communes ne peuvent se dire propriétaires que du *sol nud;* et non des arbres plantés ou excrus naturellement à leur surface.

Il s'ensuivrait seulement que ce sol ne leur a été conféré, qu'à la charge de laisser aux riverains la jouissance des arbres; comme aussi le droit de les remplacer et renouveler, maintenu aux mêmes riverains par la loi du 9 ventôse an 13, sous la seule condition de ne pas planter d'une manière nuisible à la viabilité.

Rien de plus ordinaire, dans l'ordre des propriétés rurales, qu'un terrain dont le fonds appartienne à telle personne, et les arbres à telle autre.

Rien de plus ordinaire, qu'un fonds de terre appartenant à *Pierre*, et grevé envers *Paul*, de la servitude d'une plantation d'arbres.

17. A l'appui de la thèse que nous venons d'établir, faut-il apporter des autorités, des exemples?

Ouvrons les archives du Conseil d'Etat.

Nous y trouvons, entre autres, à la date *du* 19 *mars* 1820, un *Arrêt* qui nous semble avoir nettement jugé la question en faveur des riverains.

En voici l'espèce et la teneur:

Une pièce de terre appartenant à la Commune de *Maing*, et longeant un chemin vicinal, dit *de la Chasse-Gilles*, avait été vendue au sieur *Makartan*, en exécution de la *loi du* 20 *mars* 1813.

Une contestation s'éleva entre lui et le maire, relativement aux arbres bordant ce chemin, et au droit d'en planter d'autres.

Un arrêté du Conseil de Préfecture, du département *du Nord*, prononça que le sieur Makartan avait le droit de planter sur les bords dudit chemin, dans toute la partie limitrophe de sa propriété; mais que, quant aux arbres existans, ils appartenaient à la Commune, et lui demeuraient conservés, à la charge par elle de les enlever, si mieux elle n'aimait les céder au sieur Makartan, pour le prix qui serait fixé par une estimation contradictoire.

Le *maire* se pourvoit contre cette décision, et conclut devant le Conseil d'Etat, à ce qu'il plaise à S. M. l'annuler, pour incompétence et excès de pouvoir ; subsidiairement, à ce que, dans le cas où S. M. estimerait que la question rentre dans le domaine de l'autorité administrative ; statuant au fond, déclarer que ce chemin appartient à la commune, et que nul particulier n'a le droit d'y planter.

Le 19 mars 1820, au rapport de M. *Tarbé*, Ordonnance qui statue ainsi :

« Vu l'extrait du tableau des chemins vicinaux de la commune de Maing..... — « Vu le procès-verbal d'adjudication des biens de la commune,... au sieur Makartan.... — « Vu l'arrêté attaqué.... — « Vu la *loi du 9 ventôse an 13*, sur les plantations des grandes routes et des chemins vicinaux.... — « Considérant, *sur la compétence*, que la propriété du chemin, dit *la Chasse-Gilles*, n'est pas contestée à la commune, et que le Conseil de Préfecture n'a pas excédé ses pouvoirs, soit en interprétant un acte de vente de bien national, soit en statuant, aux termes de la *loi du 9 ventôse an 13*, sur la plantation des chemins vicinaux.

« Considérant, *au fond*, que lors de l'adjudication, du 22 mars 1815, le chemin dont il s'agit était classé parmi les chemins vicinaux de la commune ; que ce classement subsiste encore, et que le Conseil de Préfecture *a fait une juste application de ladite loi du 9 ventôse an 13, aux propriétés limitrophes dudit chemin.*

« Notre Conseil d'Etat, entendu..... — « Avons ordonné et ordonnons.... — « *Art.* 1er. La requête du S. L.... en qualité de *maire* de la commune de Maing, *est rejetée.* — « *Art.* 2. L'arrêté du Conseil de Préfecture du département du Nord, du 19 février 1819, *est confirmé.* — « *Art.* 3. Le maire de la commune est condamné aux dépens.

19. Reprenons.

Le Conseil de Préfecture, par son arrêté qui était attaqué, avait décidé deux choses :

1°. Qu'à l'égard des arbres existans sur le chemin avant la vente faite au sieur *Makartan,* de la pièce de terre communale bordant ce chemin, ils appartenaient à la commune, n'ayant pas été compris dans la vente ; et qu'ils lui étaient maintenus, à la charge de les arracher ou céder au sieur Makartan ;

2°. Qu'à l'égard du droit de faire de nouveaux plantis sur le même chemin, il appartenait au sieur Makartan, comme nouveau propriétaire de la pièce riveraine.

En sanctionnant cette décision, le Conseil d'Etat se l'est rendue propre ; c'est comme s'il avait lui-même jugé dans les mêmes termes ; et notez qu'il prononce textuellement *que le Conseil de Préfecture,* en jugeant ainsi, *avait fait une juste application de la loi du 9 ventôse an* 13. Ainsi, il confirme pleinement l'interprétation que nous avons ci-devant donnée de cette loi.

M. le Préfet du département *du Nord* ignorait probablement l'existence de cette double décision, et du Conseil d'Etat, et du Conseil de Préfecture de son propre département, lorsqu'il a rendu l'arrêté ci-devant discuté (1).

_____

(1) Il est une observation particulière à faire concernant

20. Toutefois, on nous opposera peut-être une autre Décision du Conseil d'État, dont nous allons rendre compte.

Le sieur *Vanden-Nieuwen-Huysen*, propriétaire de diverses pièces de terre aboutissant aux chemins vicinaux de *Wavre, Homback-Sainte-Catherine*, et autres, fit abattre plusieurs des arbres existans sur les bords de ces chemins, en fit élaguer d'autres; il y fit aussi des plantis nouveaux, en remplacement des arbres abattus.

Les maires des communes réclamèrent, prétendant que ces arbres leur appartenaient; qu'à elles seules compétait le droit de les abattre ou ébrancher, comme aussi d'y faire des plantis nouveaux, attendu qu'elles étaient propriétaires des chemins.

Cette contestation ayant été portée à la connaissance du Conseil de préfecture du département des *Deux-Nèthes*, ce conseil prononça en faveur des communes; par le motif, que les chemins en question étaient vicinaux, et que les chemins vicinaux étaient réputés appartenir aux communes.

Recours au Conseil-d'État, par le sieur Vanden

---

les chemins vicinaux situés dans le ci-devant gouvernement et châtellenie de *Douai* : c'est que l'ancienne coutume de cette contrée portait, *art.* 6 :

« *Qu'il est loisible à tout propriétaire de planter sur les* FLÉGARDS (*les friches des chemins et voieries*), *à l'endroit de leurs héritages; pourvu qu'en ce faisant, ne soit donné empeschement au chemin; et prendre à leur profit les despouilles des arbres ainsi plantéz.* »

Ainsi le Décret *du 28 août* 1792 n'a fait que confirmer et étendre à toute la France, ce qui était déjà, et de tout temps, pratiqué dans le ressort de la coutume de *Douai*.

Nyeuwen Huysen ; et le 21 décembre 1808 , Arrêt ainsi conçu :

« Vu la requête du sieur Vanden-Huysen, par laquelle il conclut à ce qu'il nous plaise annuler les deux arrêtés du Conseil de préfecture des *Deux-Nèthes,* des 30 juin et 1er. juillet 1808 ; et, faisant droit sur le fond, maintenir l'exposant dans la possession et jouissance des arbres plantés sur ses héritages ; —

« Vu *la loi du 28 août* 1792, portant que « *tous* « *les arbres existans sur les chemins publics , sont* « *censés appartenir aux propriétaires riverains ; à* « *moins que les communes ne justifient en avoir ac-* « *quis la propriété par titre ou par possession.* »

« Considérant que la connaissance de pareille *question de propriété ,* n'est attribuée par aucune loi aux Conseils de préfecture ;

« Les arrêtés du Conseil de préfecture des *Deux-Nèthes,* des 30 juin et 1er juillet 1808, sont annulés; sauf aux parties a se pourvoir *devant les tribunaux.* »

21. Comme on le voit, cet arrêt ne contredit aucunement celui rapporté précédemment ; tout ce qui en résulte, c'est que, dans cette seconde affaire, le Conseil-d'État n'a pas voulu statuer lui-même au fond ; il a cru devoir la renvoyer aux tribunaux, s'agissant d'une question de propriété. Mais , en même temps qu'il ordonne ce renvoi , il rappelle et transcrit même en entier *l'art.* 14 *de la loi du* 28 *août* 1792, comme pour avertir le tribunal auquel l'affaire sera dévolue , qu'il doit prendre cet article pour base du jugement à rendre.

Reste donc toujours la décision contenue en l'arrêt rapporté plus haut, sur la même question , dont alors le Conseil d'État a cru devoir connaître, parce qu'il s'y mêlait une question d'interprétation d'une vente administrative.

22. En terminant cette discussion, nous ne dissimulerons pas que nous eussions désiré aboutir à une conclusion favorable aux Communes, dont nous avons souvent défendu les droits et soutenu les intérêts (1).

Sans doute, lorsque les législatures, nées de la révolution, se déterminèrent à abolir le régime féodal, à supprimer tous les droits féodaux, à retirer notamment aux anciens seigneurs, la propriété des chemins vicinaux, et des arbres nés ou plantés sur ces chemins, il leur eût été facile d'attribuer aux communes, plutôt qu'aux riverains, le bénéfice de ces arbres, ainsi que le droit exclusif de planter à l'avenir sur ces mêmes chemins. Cette attribution eût pu se justifier par plusieurs motifs.

Mais elles ne ne l'ont point fait; elles n'ont exprimé cette intention dans aucune loi; et, à cette absence de loi, il ne peut être suppléé par de simples arrêtés de préfecture.

Non, encore une fois, il n'existe point de loi qui confère cette attribution aux communes; cela est constant.

Les seules qui existent, sur ce sujet, disent tout le contraire.

1°. Celle *du 28 août* 1792 prononce, en termes positifs, absolus, que tous *les arbres existans sur les chemins* autres que les grandes routes nationales,

_____

(1) Voy. *Jurisprudence communale*, ch. 5, 7, 8, 10. *Traité des Landes, Bruyères et Marais*, chap. 14. *Cours de Droit rural*, Conférence 14.

appartiennent, de droit, aux propriétaires riverains, et non aux communes ; à moins que celles-
ci ne justifient d'un *titre particulier d'acquisition*,
ou d'une *possession* emportant *prescription*.

2°. Un décret de la Convention, du 9 février
1793, a expressément maintenu cette attribution
aux riverains, et repoussé la réclamation des communes.

3°. La loi *du 9 ventôse an 13* exprime clairement que les riverains *peuvent planter de nouveaux
arbres* sur ces mêmes chemins ; pourvu que leur
largeur soit conservée ; c'est-à-dire, suivant l'explication de l'orateur du gouvernement, pourvu
qu'elle ne soit point *obstruée*, et la circulation en-
travée.

4°. Dans l'affaire *Makartan*, le Conseil d'Etat a
formellement décidé que cette loi de *ventôse an 13*
donnait aux riverains le droit de faire des plantations nouvelles, en remplacement des arbres anciens.

Ainsi, la question posée en tête de ce chapitre,
se trouve pleinement résolue en faveur des riverains.

CHAPITRE V.

*De l'effet des Ventes qui auraient été faites, par les
anciens seigneurs, de certaines plantations ou
lignes d'arbres sur les chemins vicinaux.*

1. Tout en abolissant le droit de s'approprier
les arbres des chemins vicinaux, et le droit d'y

planter, dont avaient joui si long-temps les seigneurs, l'Assemblée nationale constituante, par
son Décret du 26 juillet 1790, leur avait néanmoins conservé la propriété et libre disposition
des arbres *alors existans* sur ces chemins ; sauf
seulement, aux propriétaires riverains, le droit de
les *racheter*, à dire d'experts, et sur le pied de
leur valeur actuelle. (Art. 3 et 4).

Puis, la seconde Législature, par son *Décret du
28 août* 1792, a tout-à-coup entièrement dépouillé
les seigneurs, de la propriété et jouissance de ces
arbres : en autorisant les riverains à s'en mettre en
possession, sans être tenus de payer aucune indemnité auxdits seigneurs, pas même les frais de plantations.

2. Nul doute, qu'un seigneur qui, postérieurement à ce dernier décret, aurait vendu à un tiers,
un nombre quelconque de ces arbres, aurait fait
une vente complètement nulle, incapable de pro-
duire aucun effet ; nul ne pouvant transmettre à
un autre ce qui ne lui appartient pas à lui-même.

3. Mais supposez une vente faite de bonne foi,
dans l'intervalle des deux lois ; ou, mieux encore,
avant l'abolition du régime féodal : on ne voit nulle
raison de dire qu'une telle aliénation doit être con-
sidérée comme inefficace et incapable d'avoir transmis aucun droit à l'acheteur.

4. Que faut-il, en effet, pour qu'une vente soit
valable et efficace ? — Que le vendeur soit capable
d'aliéner ; l'acquéreur capable d'acheter ; et que la
chose vendue appartienne au vendeur ; qu'elle soit
dans ses mains une propriété légale et disponible.

10 *

Or, jusqu'à l'abolition du régime féodal, jusqu'au *Décret du 26 juillet* 1790, les seigneurs furent généralement considérés comme *propriétaires légaux* des arbres par eux plantés ou crûs naturellement sur les chemins vicinaux de leur seigneurie. Cette vérité est reconnue, rappelée par le décret lui-même, art. 2 et 3.

Quoique dépouillés du droit de voierie, du droit de planter à l'avenir, ils sont néanmoins maintenus dans la propriété des arbres actuellement existans, et dans le droit d'en disposer.

Ils pouvaient donc valablement vendre ces arbres, les transporter à d'autres personnes, tant qu'ils n'en furent pas dessaisis par la puissance législative : dessaisissement qui n'a été opéré que *par la loi du 28 août* 1792; ainsi qu'on l'a vu dans le chapitre II ci-devant.

5. En second lieu, quant à la *chose,* elle était bien certainement *susceptible d'être vendue,* comme toutes les autres choses qui sont *dans le commerce,* qui sont susceptibles d'une *propriété privée,* et qu'aucune loi n'interdit de vendre.

Les ventes dont il s'agit auraient donc réuni toutes les qualités requises pour être valables.

6. Dira-t-on que le *Décret du 28 août* 1792, révoqua la réserve faite au profit des seigneurs par celui de juillet 1790; qu'il les dépouilla dès ce moment, et d'une manière absolue, de la propriété et jouissance, qu'ils avaient eue jusqu'alors, des arbres en question ; et qu'il fût certainement dans son intention de révoquer aussi les ventes qu'ils auraient faites de ces arbres; de les retirer également aux particuliers qui les avaient achetés?

7. Cela n'est pas exprimé; et cela ne **peut** se supposer. Les dispositions spoliatrices ne doivent jamais s'étendre au-delà des cas désignés, littéralement déterminés.

8. D'ailleurs, il est visible, il est du moins bien plus raisonnable de penser, que les auteurs du Décret de 1792 n'ont voulu frapper que les *seigneurs* mêmes, que ceux qu'ils voulaient punir d'avoir été *seigneurs*, et contre lesquels était dirigée toute leur animadversion; mais non pas les particuliers qui auraient acheté de ces seigneurs, dans un temps où ceux ci étaient légalement réputés légitimes propriétaires.

9. La preuve que l'intention des législateurs de 1792, ne fut pas de dépouiller les *tiers-acquéreurs* de bonne foi, se tire de plusieurs dispositions de ce décret même.

Ainsi, après avoir proscrit les *triages*, et autorisé les communes à reprendre les portions de leurs bois communaux, distraites par cette voie, le Décret ajoute, *art.* 3 : que cette revendication n'aura lieu, toutefois, « *qu'autant que les ci-devant* « *seigneurs se trouveront encore en possession* « *actuelle desdites portions de bois.* »

Ainsi encore, après avoir autorisé (art 8) les communes à revendiquer les terrains dont elles auraient été dépouillées par abus de la puissance féodale; le même décret ajoute, *art.* 13 : que si ces terrains ont été vendus par les seigneurs, elles ne pourront agir contre les acquéreurs; sauf seulement pour le prix qui pourrait encore être dû aux seigneurs.

9. Mais il y a mieux : passons aux articles de ce même décret, spécialement relatifs aux arbres des chemins vicinaux.

Nous lisons, *art.* 14 : « Tous les arbres existans « actuellement sur les chemins... sont censés appar- « tenir aux riverains : *à moins que les communes* « *ne justifient* EN AVOIR ACQUIS LA PROPRIÉTÉ PAR « TITRE, *ou possession.* »

Voilà qui démontre clairement, que jusqu'au jour de ce décret, les seigneurs avaient pu *vala- blement vendre* à des communes, ou à des particu- liers, les arbres dont ils étaient réputés proprié- taires, et que ces ventes doivent conserver tout leur effet.

10. Observons toutefois que ces ventes n'ont été maintenues que *quant aux* ARBRES ALORS EXISTANS *sur les chemins.*

Mais supposez le cas où un seigneur aurait été jusqu'à vendre à un particulier, ou même à une commune, *le droit de planter, à l'avenir et tou- jours,* sur tel chemin de sa seigneurie : —Bien cer- tainement, il faut tenir que ce droit de planter a dû prendre fin, le jour où le droit féodal de voierie a été aboli, le jour où le seigneur lui-même a dû cesser de se permettre de planter.

Il n'a pu transmettre à autrui plus de droit qu'il n'en avait lui-même ; et il doit être censé n'a- voir vendu à un tiers le droit de planter, que pour aussi long-temps qu'il aurait pu l'exercer lui- même.

Ainsi l'acheteur n'aura droit qu'aux arbres déjà plantés avant la loi d'abolition.

C'est ainsi que ceux qui avaient acheté, des an-

ciens seigneurs, certains droits féodaux, certaines
rentes, dîmes ou redevances seigneuriales, ont
perdu le droit de les percevoir, à compter du
jour où ces redevances ont été supprimées; ils
n'ont pu retenir que les perceptions déjà effectuées.

CHAPITRE VI.

Des Arbres existans LE LONG *des chemins vicinaux,*
SUR LES TERRES RIVERAINES. —*Droit d'y faire*
des plantations nouvelles. — Distances.

---

1. Relativement aux *grandes routes*, on a bien
vu ci-devant (1re. *partie, chap.* 1 *et* 2), que
les lois, tant anciennes que nouvelles, faisaient
aux riverains une injonction formelle de les border
d'arbres; lesquels arbres devaient être plantés, tantôt *sur le sol même* de la route (ordonn. de 1579,
loi du 9 ventôse an 13); tantôt *en dehors de la route*
et sur le propre terrain des riverains. (Edits de
1705, 1720, 1721. — Décr. imp. du 16 décemb.
1811.)

Mais aucune loi, aucun réglement, ni ancien,
ni moderne, ne fit jamais une obligation à personne, de border d'arbres les chemins *vicinaux.*

Les *seigneurs* seulement, dans l'ancien régime,
s'étaient arrogé le privilége de planter sur ces chemins, quand ils y trouvaient de l'avantage.

Mais, quant aux *particuliers* riverains, empêchés par les seigneurs de planter sur *le sol des*
chemins, ils avaient seulement la *faculté* de planter

sur leur propre fonds, le long de ces chemins, et en observant une certaine distance, suivant les usages, coutumes ou réglemens locaux.

Or, quant aux arbres qui furent ainsi plantés, sous l'ancien régime, par les riverains, le long des chemins vicinaux et sur leur propre terrain, il ne peut y avoir le plus léger doute, que ces arbres ont été maintenus aux riverains, dès-là qu'aucune des lois nouvelles ne leur en a retiré la propriété.

Bien loin de cela, on voit, 1°. l'Assemblée constituante, dans son *Décret du 26 juillet* 1790, déclarer, *art.* 7, que les arbres *qui auraient été plantés par les ci-devant seigneurs, sur les fonds des riverains,* en vertu de quelque privilége féodal, sont et appartiennent *aux propriétaires du fonds;* et que ceux-ci peuvent s'en mettre en possession, en remboursant au seigneur ses *frais de plantation* seulement.

2°. Dans le Décret subséquent, *du 28 août* 1792, on voit, *art.* 16, qu'il est de nouveau statué, que les arbres ainsi plantés par les seigneurs *sur des fonds des riverains,* appartiendront aux riverains, et sans que ceux-ci soient tenus à aucun remboursement de frais de plantation.

3°. Dans la même loi, il est encore ajouté, *art.* 17 : « Que dans les lieux où *les communes auraient pu être dans l'usage de s'approprier les arbres épars sur les fonds des particuliers,* ces derniers auront *la libre disposition* desdits arbres. »

On ne peut désirer une volonté plus expresse, plus clairement manifestée, de conserver et maintenir aux particuliers, riverains des chemins vicinaux, la propriété et libre disposition des arbres qu'ils avaient *plantés le long de ces chemins, sur leur propre fonds.*

2. *Mais, peuvent-ils faire de nouvelles plantations sur leurs héritages, près et le long des chemins ?*

Cela ne peut faire question. — Nous avons démontré *(ci-dev. chap. 4)*, que le droit de planter *sur le sol même des chemins vicinaux* avait été conféré aux riverains par les nouvelles lois de la matière, quand ces chemins étaient succeptibles de comporter des plantations sans inconvénient.

A plus forte raison faut-il tenir pour certain, que les riverains ont le droit *de planter sur leur propre terrain*, le long des chemins vicinaux.

3. Mais ne doivent-ils pas, du moins, observer *une certaine distance*, entre leur ligne de plantation, et le bord du chemin ?

A cet égard, nous pensons qu'il faut distinguer différens cas :

S'agit-il d'un chemin vicinal situé dans une contrée où il existait des réglemens ou statuts non abrogés, concernant les plantations le long des chemins ?

On doit continuer à suivre ces réglemens ; car, d'une part, *la loi du* 19—22 *juillet* 1791, sur la *police municipale, art.* 29, a généralement confirmé *les anciens réglemens touchant la voierie ;* sauf les changemens résultant des lois nouvelles.

D'autre part, l'*art.* 671 *du Code civil,* porte : « qu'il n'est permis de planter des arbres de haute tige, qu'à *la distance prescrite par les réglemens particuliers existans, ou par les usages constans et reconnus.* »

Le même article ajoute : « qu'à défaut de réglemens et usages, on ne pourra planter qu'à *la distance de* DEUX MÈTRES *de la ligne séparative des*

deux HÉRITAGES, pour les *arbres de haute tige ;*
— Et à la distance *d'un* DEMI MÈTRE pour les *autres arbres*, et les *haies vives.* »

Remarquez toutefois, que dans cet article, il n'est question que des plantations à faire le long d'un *héritage* appartenant à autrui ; et non de celles à faire le long d'un chemin public.

Ainsi donc, les règles de distance prescrites par l'art. 671 du Code civil, ne sont point applicables, de plein droit, aux plantations riveraines *des chemins ;* si, d'ailleurs, il n'existe pas un ancien réglement ou statut local prescrivant les mêmes restrictions.

4. En 1826, le Conseil d'Etat a eu l'occasion de se prononcer sur un cas de cette nature.

Le sieur *Quesney*, propriétaire en la commune de *Pont-Authon*, département de l'*Eure*, avait fait planter des lignes d'arbres le long d'un chemin traversant ses propriétés, et aboutissant à une route départementale. — Procès-verbal dressé contre lui, comme ayant planté trop près des chemins ; comme ayant, de plus, creusé des fossés et pratiqué une *levée* qui faisait anticipation, tant sur le chemin vicinal, que sur la route départementale.

Arrêté du Conseil de préfecture, qui, après avoir fait visiter les lieux par un commissaire, ordonne que ledit sieur *Quesney* sera tenu d'enlever ses plantations, de supprimer le fossé et la levée.

Cette décision était motivée sur *l'art. 671 du Code civil*, et sur la *loi du 9 ventôse an 13*.

Le sieur Quesney était, de plus, condamné à une amende. — Recours au Conseil d'Etat.

Et, *le 16 février 1826*, au rapport de M. *Hutteau d'Origny*, Arrêt ainsi conçu :

« Considérant qu'il est *reconnu, en fait*, que

lesdites plantations ont eu lieu *sur la propriété dudit sieur Quesney;* — Considérant que la *loi du 28 février* 1805 (9 ventôse an 13), *autorise à planter le long des chemins vicinaux, sans rien prescrire sur les distances;* — D'où il suit que, ni les règles du droit commun, ni celles relatives aux planta- tions des routes royales et départementales, ne sont applicables au cas dont il s'agit;

« Considérant, d'ailleurs, que le Conseil de pré- fecture ne s'est fondé sur aucun *usage ni réglement local* de police ou de voierie; — Considérant, à l'égard de la *levée* dont la destruction a été or- donnée, que cette levée, bien qu'elle soit dans l'ali- gnement du chemin vicinal, s'étendait sur le sol de la route départementale d'Evreux à Pont-Aude- mer; qu'ainsi, le conseil de préfecture était com- pétent pour prononcer l'amende, etc.....

« L'arrêté du Conseil de préfecture est *annulé,* dans la disposition qui ordonne au sieur *Quesney, d'arracher les plantations par lui faites* le long du chemin porté, n° 3, au tableau des chemins vicinaux de la commune de Pont-Authon. — Sur les autres dispositions dudit arrêté, la requête du sieur Quesney est rejetée..... »

5. Voilà donc qu'il est bien décidé, dans cet arrêt du Conseil d'Etat, que le riverain d'un chemin vicinal, qui veut planter, soit une haie, soit une ligne d'arbres, même à haute tige, le long de ce chemin, n'est pas obligé d'observer aucun in- tervalle entre son champ et ledit chemin; à moins que cela n'ait été prescrit par quelque réglement particulier, soit ancien, soit moderne.

6. Mais il faut tenir aussi pour certain, que si le Préfet du département a cru nécessaire d'or-

donner à cet égard des mesures de police, soit pour les plantations à faire, soit pour celles déjà faites, chaque riverain doit s'y conformer.

Car les préfets ont la *Police administrative* de tous les *chemins* de leur département. Ils en sont essentiellement les surveillans, les conservateurs. Comme tels, on ne peut leur contester le pouvoir d'ordonner tout ce qu'ils jugent convenable pour l'amélioration de ces chemins, pour en procurer l'assainissement, pour en assurer la viabilité.

Que si quelques particuliers se trouvaient lésés par les mesures qui auraient été ordonnées à cet égard, ils ont la faculté de s'en plaindre au Ministre de l'Intérieur, de lui demander la réformation de l'arrêté préfectural ; mais provisoirement, et autant que possible, ils doivent obéir.

Ces principes, déclarés dans plusieurs ordonnances du Conseil d'État, sont aussi ceux professés par la Cour de cassation, ainsi qu'on va le voir dans l'Arrêt suivant :

7. Le Préfet du Département *d'Ille-et-Villaine* avait porté un arrêté qui enjoignait aux riverains des chemins vicinaux de ce ressort, d'*élaguer*, dans un certain délai, ceux de leurs arbres et haies faisant saillie sur ces chemins. — Des procès-verbaux furent dressés contre ceux qui refusèrent ou négligèrent de se soumettre à cette prescription. Plusieurs d'entre eux, les sieurs *Renaud, Deschamps* et autres, furent traduits, à la requête du ministère public, devant le tribunal de police de *Rennes*, à fin de condamnation à l'amende prononcée par *l'art.* 471 *du code pénal,* n°. 5, contre ceux qui négligent ou refusent d'exécuter les réglemens touchant la petite voierie.

Ce tribunal refusa de prononcer aucune amende,

attendu que le fait en question n'était, suivant lui, ni prévu ni qualifié par aucune loi. ◂

Dénoncé à la Cour de cassation, ce jugement a été cassé, *le 26 juillet* 1827, au rapport de M. le conseiller *Gary*, par un arrêt conçu en ces termes :

« Vu l'article 471, n°. 5, du Code pénal, portant des peines de police contre ceux qui négligent ou refusent d'exécuter les réglemens ou arrêtés concernant la petite voierie; — Vu l'arrêté du Préfet d'*Ille-et-Villaine*, du 28 novembre 1826, etc.

« Attendu que l'arrêté dudit Préfet contenant des mesures pour l'élagage des arbres le long des chemins vicinaux, rentrait pleinement dans l'ordre des attributions de cet administrateur; — Attendu qu'il est du devoir des tribunaux de police de réprimer, par l'application des peines légales, les contraventions aux arrêtés pris par les Autorités administratives dans la sphère de leurs attributions; — et attendu, en fait, que la contravention à l'arrêté précité était régulièrement établie...; d'où il suit que le tribunal de police de *Rennes* ne pouvait se refuser à prononcer les peines déterminées par la loi..., *la Cour casse et annulle*, etc. »

8. Dans l'Arrêté de M. le Préfet du département *du Nord*, qui a déjà été l'objet de notre examen (ci-dev., *ch. 3 et 4*), nous trouvons plusieurs dispositions relatives à l'objet qui nous occupe en ce moment; et qui sont également susceptibles de quelques remarques.

Voici ces dispositions :

« Art. 4. *Aucune plantation d'arbres ne pourra être faite à l'avenir sur les terres riveraines des chemins communaux, à une distance moindre de*

1 mètre 66 centimètres de la ligne séparative desdits chemins et des propriétés riveraines ; et tout
propriétaire qui désirera planter sur son terrain,
à une distance moindre de six mètres de ladite
ligne, devra se pourvoir d'une autorisation qui déterminera l'alignement à suivre, et l'espacement
des arbres entre eux. »

A la fin de cette clause, sont cités, (entre deux
crochets de parenthèse), l'art. 8 du titre 1er. de la
Coutume, et l'art. 2 d'un Arrêt du parlement de
Flandre, du 14 août 1780, comme bases de la disposition ordonnée.

Vient ensuite la clause suivante, relative aux
haies vives :

« Art. 5. Toute HAIE DE CLÔTURE ne pourra être
conservée sur les terres aboutissant aux chemins
communaux, à une distance moindre de 50 CENTI-
MÈTRES de la crète extérieure des fossés, formant
la ligne séparative des propriétés (Art. 671 et 672
du Code civil); et toutes celles existantes à moins
de deux mètres de distance desdites crètes, seront ré-
duites et maintenues à la hauteur d'UN MÈTRE 50 CEN-
TIMÈTRES, mesurée du sol. (Arrêt du 14 août 1780.)»

9. Ainsi que nous l'avons déjà remarqué, MM.
les Préfets, comme administrateurs de la voierie
vicinale, peuvent ordonner toutes les mesures
qu'ils croyent utiles pour la conservation des chemins vicinaux.

Ils peuvent notamment, aux termes de la loi du
9 ventôse an 13, art. 6, en rechercher et constater
les anciennes limites, leur faire rendre l'ancienne
largeur qu'ils avaient, ordonner l'élargissement de
ceux trop étroits, (en indemnisant les riverains sur

les propriétés desquels l'élargissement serait pris).

Ils peuvent aussi, comme on l'a vu plus haut, ordonner *l'ébranchage* et *même l'abattage* des arbres plantés le long de ces chemins, et dont l'existence serait nuisible.

Mais, alors qu'aucune loi ni réglement en vigueur ne l'ordonne, un Préfet peut-il assujettir les riverains *à ne pouvoir planter sur leur propre fonds qu'à telle distance des bords du chemin ?*

Nous ne le pensons pas ; car ce serait grever leur propriété d'une *servitude réelle ;* et une telle servitude ne peut être imposée que *par une loi expresse,* quand elle n'est pas volontairement consentie.

On a vu plus haut, dans l'arrêt relatif au S^r. *Quesney,* que le Conseil d'Etat lui-même, en 1826, avait jugé que les distances prescrites par le Code civil n'étaient applicables, qu'au cas d'une plantation faite *près d'un héritage* voisin, et non près d'un chemin vicinal.

On a vu de plus, ci-devant, que d'après l'art. 7 de la *loi du* 9 *ventôse an* 13, il est libre à tout riverain d'un chemin de planter *sur sa propriété, le long de ce chemin,* pourvu qu'il ne préjudicie pas à la largeur fixée audit chemin : ce qui est bien dire qu'il lui est loisible de planter sans observer un espace intermédiaire entre le chemin et sa propriété.

10. Du reste, il est bien entendu, il va sans dire que le propriétaire d'arbres existans sur les bords d'un chemin vicinal, est parfaitement le maître de les couper, abattre ou arracher quand bon lui semble; dès-là qu'il n'existe aucune loi, aucun statut, qui lui impose l'obligation de les laisser subsister, ou de en les abattre, qu'après en avoir obtenu la permission.

11. Nous lisons encore dans le même arrêté de M. le Préfet *du Nord,* la dispositions suivante :

« Art. 7. *Les Communes, qui* voudront user du *droit qui leur est réservé par l'art.* 2 *de la loi du* 15 *août* 1790, *de planter sur le sol des chemins communaux,* ne pourront le faire qu'en vertu de notre autorisation ; conformément à l'art. 10 de la même loi, et autres dispositions législatives qui nous confèrent le droit de statuer sur tous les travaux et dépenses des communes, *et sur la police des chemins. — Il ne sera fait aucune plantation d'arbres sur les chemins dont la largeur serait inférieure à* NEUF MÈTRES, *entre les crêtes intérieures des fossés qui les bordent.* »

12. Dans la disposition ci-dessus, M. le Préfet du Nord énonce, d'abord, « que *l'art.* 2 *de la loi* « *du* 15 *août* 1790 (*Décret du* 26 *juillet*), *avait* « *réservé aux communes le droit de planter sur le* « *sol des chemins vicinaux.* »

Mais nous avons beau lire et relire cette loi ; dans aucun de ses articles, nous ne trouvons cette prétendue faculté réservée aux communes.

Nous y voyons seulement :

1°. Que cette loi abolit, pour l'avenir, le droit dont les seigneurs avaient joui jusqu'alors, de planter à volonté sur les chemins vicinaux, et de s'approprier les arbres qui y croissaient spontanément.

2°. Que, cependant, ces seigneurs sont provisoirement conservés dans le droit de disposer de ceux *actuellement existans ;* sauf aux riverains le droit de racheter ces arbres, chacun en face de sa propriété ;

3°. Nous voyons surtout que les riverains qui auraient fait des plantations sur les chemins, vis-à-vis de leurs propriétés, sont déclarés avoir eu le droit de les planter.

Quant aux Communes, elles sont seulement autorisées à racheter, des seigneurs, les arbres existans sur les places des villes et villages.

Mais, pas un seul mot qui exprime que les communes ont droit aux arbres des chemins vicinaux, ni qu'il leur soit réservé de planter, à l'avenir, sur le sol de ces chemins.

13. Enfin, M. le Préfet du Nord termine par arrêter, en termes absolus : « *qu'il ne sera fait aucune plantation d'arbres sur les chemins dont la largeur serait* INFÉRIEURE A NEUF MÈTRES (27 pieds), *entre les crêtes intérieures des fossés qui les bordent.* »

Il nous semble, ici, que c'est être plus exigeant que la loi elle-même.

En effet, on a vu que la *loi du 9 ventôse an* 13, après avoir statué que les chemins reconnus trop étroits pourront être élargis, par ordre des Préfets, jusqu'à la concurrence de *six mètres* (18 pieds), finit par dire que les riverains pourront planter sur le bord des chemins vicinaux, *en leur conservant la largeur fixée par l'article précédent.*

14. Cependant, il est vrai de dire aussi qu'il peut se présenter des circonstances où il soit nécessaire de laisser à tel chemin un espace libre de plus de six mètres ; comme au cas d'un chemin vicinal pratiqué fréquemment par des voitures ou charrettes, et dont le sol gras et humide serait sujet à être sillonné par de profondes ornières.

11

Dans un tel cas, une largeur libre de 25 et 3o pieds peut être justement exigée par le préfet; et si les riverains, empêchés de planter sur les bords du chemin par cette fixation, la trouvent excessive, ils auront la voie du recours au Ministre de l'Intérieur, pour la faire réduire (1).

CHAPITRE VII.

Des Arbres des RUES , PLACES *et* PROMENADES *des Communes. — Des Arbres des chemins particuliers.*

---

1. Par plusieurs lois rapportées ci-devant, (2°. part., ch. 1er.), on a vu que les seuls arbres existans *sur les* PLACES *publiques des villes, bourgs et villages,* avaient été attribués aux *Communes;* et que, quant à ceux existans *dans les* RUES *des villes, bourgs et villages,* ils étaient déclarés appartenir, de droit, *aux propriétaires riverains,* à l'exclusion des communes; (Décret du 26 juillet 1790, art. 3, 4, 5. — Décret du 28 août 1792, art. 14, 15.)

---

(1) Si, dans le réglement de 1671 pour *la Normandie* et *le Perche,* il fut prescrit aux riverains des chemins vicinaux de ne planter sur leurs propres fonds qu'à la distance de *dix pieds* au moins, c'est que ces chemins étant alors, presque tous, étroits, creux et humides, il était nécessaire d'en écarter les arbres de haute tige, qui en auraient encore augmenté l'humidité.

2. A cette règle générale, il fut fait seulement deux exceptions :

La première, pour le cas où une Commune pourrait prouver avoir acquis certains arbres des *rues*, par *titre* ou *possession*; c'est-à-dire le cas où elle prouverait avoir elle-même possédé ces arbres, à titre de propriétaire, pendant un temps suffisant pour prescrire; ou bien les avoir achetés des seigneurs qui les avaient plantés, ou de tous autres ayant eu droit de planter et de vendre. (Art. 14).

Dans ce cas seulement les arbres des *rues* peuvent être jugés appartenir à la Commune.

La seconde exception est en faveur des *Riverains* des PLACES PUBLIQUES des communes.

Si quelqu'un d'eux peut prouver avoir lui-même planté les arbres de ces places, avec approbation de la commune, ou en avoir joui en propriétaire pendant un temps suffisant pour la prescription; la propriété doit lui en être maintenue. (Art. 15.) Mais, hors ce cas exceptionnel, les arbres des *places communales* appartiennent de droit aux *communes*.

3. Les arbres des *promenades* et *boulevarts* des villes et bourgs doivent, à plus forte raison, être considérés comme appartenant aux Communes; car ce sont de véritables propriétés communales. La commune est présumée de droit avoir originairement fait opérer la plantation de ces arbres, et en avoir retenu la propriété, bien que l'usage de ces promenades soit laissé au public.

4. Hors de la catégorie des chemins qualifiés et classés comme *vicinaux* ou *communaux*, il ne peut plus exister que des *chemins privés*; c'est-à-dire affectés privativement à certaines habitations.

11 *

Or, ces chemins privés sont de droit présumés avoir été originairement fournis ou achetés par les propriétaires de ces maisons, pour leur usage particulier, pour leur commodité personnelle; et, par suite, les arbres qui peuvent s'y trouver, sont réputés appartenir exclusivement à ces propriétaires, alors même qu'ils n'auraient pas de titres.

5. S'il n'y a qu'un seul propriétaire de l'habitation à laquelle tel chemin est privativement affecté, lui seul aura droit aux arbres de ces chemins. S'il y en a plusieurs, comme au cas où l'habitation primitive a été divisée en plusieurs lots, le profit des arbres se partagera entre eux.

6. Voici un Arrêt du Conseil d'Etat, assez récent, où l'on a jugé que les arbres d'une place publique de ville sont de droit réputés appartenir à la Commune, et qu'un simple *adjoint*, ne doit pas se permettre de les faire abattre.

En l'absence du maire de la ville de *Houdan*, son adjoint avait autorisé l'abattage d'une rangée de Tilleuls existans sur la place ou promenade dite *de La Tour*. A son retour, le maire improuve l'acte de son adjoint, et s'en plaint à M. le préfet de *Seine-et-Oise*, qui, après visite et rapport, prend un arrêté par lequel l'adjoint était condamné à payer à la ville une somme de......; pour le dommage résultant de l'abattage des arbres; qui ordonne de plus que ces arbres, indûment abattus, seront remplacés par un nombre égal d'arbres de même essence, *aux frais de l'adjoint;* dont l'état sera arrêté par le maire, et remis au receveur municipal, chargé d'en opérer le recouvrement, par les voies de droit. Pourvoi au conseil d'état; et *le*

6 *mars* 1828, Ordonnance conçue en ces termes :

« Considérant que, par ses arrêtés, le Préfet ne s'est pas borné à annuler, ainsi qu'il en avait le droit, celui par lequel le sieur *Bellière*, en sa qualité d'*adjoint* au maire de *Houdan*, avait ordonné l'abattage d'arbres existans sur la promenade publique de cette ville ; mais qu'il a encore statué sur la réparation des dommages que cet abattage a pu causer à ladite ville ; réparation sur laquelle il n'appartenait qu'aux tribunaux de statuer.... — Les arrêtés pris par le préfet du département de Seine-et-Oise, les.... sont annulés, pour cause d'incompétence, dans les dispositions seulement par lesquelles il a statué sur les réparations qui peuvent être dues à la ville de Houdan, par le sieur *Bellière*, par suite de l'abattage d'arbres qui existaient sur la promenade publique de cette ville, etc. » (M. *Hutteau d'Origny*, rapporteur).

CHAPITRE VIII.

Si le principe de la PRESCRIPTION *est applicable en matière de Chemins* VICINAUX, *et quant aux Arbres de ces chemins ?*

---

1. L'ART. 2227 du Code civil porte : « *On ne peut prescrire le domaine des choses* QUI NE SONT POINT DANS LE COMMERCE. »

Avant la promulgation de ce code, le savant professeur d'Orléans avait enseigné, dans son *Traité de la prescription (chap.* 1er. *art.* 1): « la Prescription étant un droit *d'usucapion*, une *manière d'acquérir la propriété d'une chose par la possession,* c'est une conséquence que *les choses que les particuliers sont incapables d'acquérir, ne peuvent être susceptibles de cette prescription.* — De là il suit que toutes les choses *qui sont hors du commerce ne sont pas susceptibles de cette prescription;* telles que sont les *églises,* les *cimetières,* les PLACES PUBLIQUES, les CHEMINS PUBLICS; non seulement les GRANDS CHEMINS qu'on appelle *viæ militares, viæ regiæ,* mais même les CHEMINS DE TRAVERSE, qu'on appelle *viæ vicinales.* C'est pourquoi si quelqu'un s'était emparé d'un chemin public, et l'eût labouré, et qu'il me l'eût ensuite vendu, comme un terrain dont il se disait propriétaire; quoique je l'aie acquis *de bonne foi,* dans l'opinion où j'étais que c'était une chose qui lui appartenait, *je ne puis en acquérir, par prescription, le domaine de propriété.* »

2. Quatorze siècles avant *Pothier*, une LOI ROMAINE avait dit : « *Viam publicam populus non utendo amittere non potest.* » (DIG. *lib.* 40. *tit.* XI, *de viâ publicâ, l.* 2.)

3. Un autre professeur non moins estimé, *Dunod de Charnage,*en son *Traité des prescriptions,* enseigne la même imprescriptibilité, quant aux choses qui sont réellement hors de tout commerce, insusceptibles d'une possession privée ; telles que sont les *places,* les *marchés,* les *rues ;* mais, tant et aussi long-temps seulement que ces choses sont en nature de *choses publiques.*

« *Le Droit civil,* dit-il, *ne leur imprime pas une imprescriptibilité absolue ; il suppose même qu'ils peuvent être acquis par concession et par privilége;* Ils peuvent par conséquent être prescrits par une possession immémoriale. » (chap. 12.)

4. L'auteur d'un Nouveau Traité des Prescriptions fait les distinctions suivantes, chap. 3, n°. 89 :

« Les particuliers sont exclus de la propriété des *ports,* des *hâvres* et des *rades ;* mais ces cavités peuvent se combler, et perdre leur destination publique. La mer, en s'éloignant, en fait des *lais* et des *relais ;* et dès qu'ils sont dans cet état, *susceptibles d'être convertis en propriétés privées, ils peuvent être prescrits.* — Les *chemins* et les *routes* sont des choses publiques ou communales. Tant qu'ils subsistent, le domaine en est à l'Etat ou aux Communes; la possession à tous les individus. — Mais des routes, des chemins peuvent être abandonnés comme impraticables ou inutiles. Négligés par le public, ils sont bons pour les voisins, qui, *en les réunissant à leurs héritages, peuvent ainsi en acquérir la prescription.*

« Le Code civil, *art.* 540, (continue-t-il), déclare compris dans le Domaine public, les portes, murs, fossés et remparts des places de guerre et des forteresses *entretenues;* mais il ajoute, *art.* 541, que les terrains des fortifications et remparts des *places qui ne sont plus places de guerre, cessent d'appartenir à l'Etat, s'ils ont été aliénés, ou si* LA PROPRIÉTÉ EN A ÉTÉ PRESCRITE. »

Par induction de cet exemple, il conclut que le terrain d'un *chemin* cesse d'être imprescriptible, et peut devenir une propriété privée, du moment qu'il a été abandonné par le public, et qu'il a cessé d'être chemin.

5. En 1825, la Cour de *Rouen* a eu l'occasion de se prononcer sur cette question, dans une affaire entre la commune de *Colboc* et le sieur *Duvrac* : et voici comme elle a été résolue, après une ample et vive instruction :

« Attendu que si, d'après l'article 2226 du code civil, on ne peut prescrire le domaine des choses *qui ne sont point dans le commerce*, l'article 2227 dispose que les établissemens publics et les communes sont soumis aux mêmes prescriptions que les particuliers, et peuvent également les opposer.

« Que les dispositions de ce dernier article sont conformes à celles de l'article 541 qui le précède, et porte que « les terrains des fortifications et rem- « parts des places qui ne sont plus places de guerre « appartiennent à l'*Etat,* s'ils n'ont été valablement « aliénés ; ou si la propriété n'en a point été *pres-* « *crite* contre lui » ;

« Qu'ainsi les terrains des places de guerre, tant qu'elles sont places de guerre, ne peuvent être prescrits ; mais que la *prescription peut commencer dès qu'elles cessent d'être considérées comme telles.*

« *Qu'il en est de même des chemins, qui, tant qu'ils sont chemins, ne peuvent être prescrits ; mais qui deviennent soumis à la prescription, dès qu'ils ne servent plus à l'usage pour lequel ils étaient originairement destinés*, etc ;

« Que les époux *Duvrac, in limine litis,* et, dans toutes leurs écritures, ont soutenu qu'ils avaient *la possession plus que quadragénaire du terrain réclamé comme chemin,* etc.

« Qu'il résulte des faits, circonstances et docu-

mens du procès, la preuve complète d'une possession continue, non interrompue, paisible, publique, non équivoque, à titre de propriétaire, et
plus que quadragénaire, par les époux *Duvrac* et
leurs auteurs, du terrain réclamé comme chemin
par la commune;

« Que cette possession dispense les époux *Duvrac*
de représenter l'acte qui, dans les temps éloignés,
aurait prononcé la suppression de ce chemin, etc. »
(*du* 11 *février* 1825).

6. A la date du 11 *décembre* 1827, nous trouvons
un Arrêt de la Cour de *Montpellier*, qui a jugé dans
le même sens, entre la commune de *Limoux* et le
sieur *Ribes*, à l'occasion de constructions qui ré-
trécissaient le passage dans une ancienne rue aban-
donnée.

« Attendu que la *rue de la Bladerie*, encore
qu'elle fut, à ce titre, hors du commerce, et par
suite imprescriptible, aurait pu néanmoins devenir
l'objet d'une prescription, si elle avait perdu son
caractère et sa destination ; — que la preuve du
changement de destination peut résulter de la possession immémoriale alléguée par *Ribes*; possession
qui, par sa longue durée, ferait présumer l'existence d'un titre légitime, en vertu duquel ce changement se serait opéré ; — mais que ce n'est qu'à
une telle possession que cette prescription est atta-
chée ; — que les premiers juges se sont donc écartés
de ces principes, en ne soumettant le sieur *Ribes*,
qu'à la preuve d'une possession de 40 *ans ;* laquelle
ne pouvait être opposée aux communes que pour
celles de leurs propriétés qui étaient dans le commerce; — attendu que *Ribes*, offrant devant la
Cour la preuve d'une possession *immémoriale*, il y

a lieu de l'admettre à cette preuve, etc... LA COUR admet le sieur Ribes à prouver, tant par actes que par témoins, que les constructions pratiquées par lui ou par ses auteurs, dans la rue, existent *depuis un temps immémorial....* etc... »

7. D'un autre côté, voici un Arrêt de la cour de *Bourges*, qui a jugé *qu'un chemin, de privé qu'il était dans l'origine, peut devenir communal ou vicinal par voie de prescription.*

« Considérant qu'un chemin est public quand il sert de communication entre les bourgs, villages ou hameaux, et que tout le monde y a passé pendant un grand nombre d'années ; — qu'en vain, dans l'espèce, on oppose que celui dont il s'agit semble n'avoir été fait par l'ancien propriétaire des domaines de *Bellevue* et *Bacoué*, que pour aller de l'un à l'autre..; — qu'il est allégué que les habi- de *Rians, Aubinges* et *Morogues* y passent habituellement pour se rendre de l'une de ces communes à l'autre; — qu'un chemin, *privé* dans l'origine, peut devenir *public par prescription* : — LA COUR dit qu'il a été mal jugé, au chef qui rejette la preuve des faits articulés; émendant, et avant faire droit au fond, donne acte au maire de *Rians* de ce qu'il articule, 1°. que *pendant plus de trente ans,* avant l'entreprise de *Chabin,* le public s'est servi du chemin contentieux, pour communiquer des bourgs d'*Aubinges*, de *Morogues* et autres lieux, pour se rendre à *Rians*, notamment les jours des foires qui s'y tiennent, et aussi pour communiquer avec *Azy, Etrechy* et autres lieux, etc..... » (*Du* 30 *janvier* 1826.)

8. La conséquence à tirer de ces diverses auto-

rités, c'est que l'opinion la plus générale est en faveur de la prescription ; c'est que les chemins vicinaux sont très-susceptibles d'être *prescrits*, c'est-
à-dire convertis en propriété particulière ; savoir *en
totalité*, s'il y a eu abandon de tout le chemin par
le public, et occupation de tout son emplacement
par un particulier ; et *en partie* seulement, s'il n'y
a eu occupation, possession, que d'une partie.

9. Quant au Conseil-d'État, il semblerait résulter de plusieurs de ses Arrêts, qu'il ne regarde la
prescription comme opposable, qu'alors qu'il s'agit
d'un chemin *non classé* comme vicinal.

C'est ainsi que, dans une Ordonnance *du 14 décembre* 1825, entre le sieur *Presson* et le maire
d'Evreux, on le voit prononcer en ces termes :

« CONSIDÉRANT *que le chemin d'Evreux à Dan-
ville* N'A POINT ÉTÉ CLASSÉ *parmi les chemins vicinaux ; — qu'ainsi* on ne peut lui appliquer les lois
et réglemens relatifs auxdits chemins ; — que,
dans cette position, le juge de paix était compétent
pour connaître *de la possession annale*, articulée
par le sieur Presson ; possession que celui-ci avait
intérêt à constater pour établir ses droits, soit *à la
propriété*, soit *à une indemnité*, etc.... »

10. Mais chacun sait avec quelle irrégularité,
dans la plupart des communes rurales, a été opéré
le classement des chemins vicinaux.

Or, s'il avait plu au maire, ou commissaire municipal de ma commune, de porter au rang des
chemins vicinaux un simple sentier ou chemin de
neuf à dix pieds de large, traversant ma propriété,
et de lui assigner une largeur de vingt ou trente
pieds, comme étant celle qu'il avait autrefois ; ou

bien encore, s'il lui avait plu de qualifier *de chemin vicinal,* un espace de terrain intégralement possédé par moi ou mes auteurs depuis longues années, comme propriété privée : peut-il s'ensuivre que je scrais non-recevable à invoquer ma longue possession et le bénéfice de la *prescription,* pour repousser la demande de la commune, tendante à ce que je sois tenu de lui délaisser ce terrain, ou à ce que le sentier soit élargi de plusieurs mètres à mes dépens ?

La saine raison et les principes du droit élémentaire s'élèvent contre une telle idée.

Du moment que j'articule et offre de prouver que j'ai possédé pleinement ce terrain à titre de propriétaire, de temps immémorial, ou depuis un nombre d'années suffisant pour prescrire; du moment que j'articule et offre de prouver que j'ai possédé pendant la même durée de temps les deux côtés du chemin tels qu'ils sont aujourd'hui, comme faisant partie de mon champ, et non du chemin : je dois être écouté, admis à le prouver, nonobstant toute inscription au tableau des chemins vicinaux; tableau fait hors de ma présence, le plus souvent à mon insu, et qui, fut-il revêtu de la sanction du préfet, ne peut faire titre contre moi, tant que je ai pas adhéré moi-même.

11. A la vérité, l'ancienne Ordonnance de 1579, dite *de Blois,* porte que « *tous grands chemins* « *seront ramenés à leur ancienne largeur, nonobs-* « *tant toutes usurpations, par quelque laps de* « *temps qu'elles puissent avoir été faites...* » Mais les termes mêmes de cette disposition démontrent qu'elle ne concerne que les *grands chemins,* ou *routes royales;* qu'elle est par conséquent inap-

plicable aux simples chemins communaux ou vicinaux.

12. Ensuite, ne lisons-nous pas, dans la LOI
du 28 *août* 1792, à *l'art.* 14, qui attribue aux propriétaires riverains les arbres existans sur les chemins et les rues, ces mots : « *A moins que les com-*
« *munes ne justifient en avoir acquis la propriété,*
« *par titre,* OU POSSESSION. »

À *l'art.* 15, qui attribue aux communes, les arbres étant sur les *places* communales ; ne lisons-
nous pas encore ces mots : « *Sans préjudice des*
« *droits que des particuliers non seigneurs pour-*
« *raient y avoir acquis par titre, ou par* POSSES-
« SION. »

Dans la pensée des auteurs de cette loi, on pouvait donc, par la seule force de la *possession,* PRES-
CRIRE *la propriété des arbres existans sur les chemins communaux, sur les places communales.*

Par le seul fait de la possession, on pouvait donc
acquérir la propriété d'arbres unis et incorporés à
ces chemins, à ces places ; faisant partie du sol de
ces chemins, de ces places.

La prescription est donc possible, à l'égard de
certaines portions de chemins communaux et des
places communales.

Pour être recevable à la proposer et la faire triom-
pher, il ne s'agit que de rapporter la *preuve* d'une
possession suffisante ; c'est-à-dire ayant les qualités
déterminés par l'art. 2229 du code civil.

13. Or, à cet égard, on comprend, de soi-
même, qu'il ne peut suffire d'alléguer, ni même
de prouver quelques faits de labours poussés tran-
sitoirement jusques sur les bords des chemins ; ni

même d'y avoir jeté quelques semences, ni d'y avoir planté quelques arbres.

Il faut une possession constante, continue, non interrompue, paisible, publique, et à titre de propriétaire.

Or, une telle possession ne peut exister, que là où il y a eu enclôture de la portion de chemin usurpée, jouissance exclusive, exploitation continue.

Comme aussi, s'il s'agit d'un ancien chemin que l'on prétend avoir été abandonné, et être totalement prescrit; il faut justifier d'une exploitation continue de la totalité du terrain de ce chemin, et pendant toute la durée de temps requise.

Un chemin ne cesse d'être réellement chemin, que du jour que le public a cessé d'y passer, et qu'il a été mis dans l'impossibilité d'y passer.

Une zône ou bande quelconque du sol d'un chemin, n'a cessé de faire partie intégrante de ce chemin, que du jour qu'elle en a été détachée, séparée, de manière que les passans ne pussent plus y mettre le pied.

14. Quant à la *durée* de la possession, il était de jurisprudence, dans la plupart des coutumes, qu'on pouvait prescrire contre les Communes, ainsi que contre les particuliers, par le laps de *trente ans*. Dans quelques-unes, il fallait quarante ans. (Voir l'ancien *Répertoire,* au mot *prescription.*

Mais, alors, les communes n'étaient pas réputées propriétaires des chemins; c'était les seigneurs hauts-justiciers.

Le *Domaine de l'Etat* était réputé absolument *imprescriptible.* Par la *Loi du 22 novembre—1er. décembre* 1790, *art.* 36, il fut déclaré susceptible de prescription, par une possession de *quarante années.*

Par *l'art.* 2227 *du Code civil,* « l'Etat et les Com-
« munes ont été *soumis aux mêmes prescriptions*
« *que les particuliers.* »

Et, suivant l'*art.* 2262, une possession de *trente
années* est la plus longue qui puisse être exigée,
tant pour acquérir, que pour être libéré, par prescription.

A la vérité, l'*art.* 2281 prononce que les prescriptions *commencées avant le Code,* seront *réglées
conformément aux lois anciennes ;* mais il ajoute
que néanmoins s'il fallait encore, suivant les lois
anciennes, *plus de trente ans après le code civil,*
elles seront tenues pour *accomplies par ce laps de
trente ans.*

15. Voici, au surplus, une affaire qui jusqu'à
présent n'a été rapportée dans aucun recueil, et
qui peut jetter encore une nouvelle lumière sur
l'objet du présent chapitre.

Le sieur *Baurain de Bureuil,* propriétaire d'un
domaine au lieu de *Belloy-sur-Somme,* jouissait
depuis long-temps d'une ligne d'arbres fruitiers
plantés sur le bord d'un chemin vicinal allant de
Belloy à *Vignacourt.* En avril 1817, il est informé
que le sieur *Beauger,* habitant du même bourg,
et propriétaire d'une pièce de terre voisine du chemin, a fait abattre plusieurs de ces arbres, en face
de sa pièce.

Complainte devant le juge de paix du canton.
L'affaire s'engage *au possessoire*; et, le 29 avril
1817, JUGEMENT, qui, attendu la preuve faite que
depuis nombre d'années, singulièrement depuis an
et jour, le sieur Baurain de Bureuil a eu la possession publique, paisible, et à titre non précaire, des
arbres dont il s'agit, ainsi que de la portion de ter-

rain sur laquelle ils sont plantés, le maintient dans ladite possession et jouissance; fait défense au sieur *Beauger* de l'y troubler, etc.

Point d'appel; mais, le 8 août suivant, le sieur *Beauger* assigne, *au pétitoire*, devant le Tribunal civil d'*Amiens*; concluant à être déclaré propriétaire des arbres en question, comme lui étant dévolus *en vertu de l'art.* 14 *de la loi du* 28 *août* 1792...—Le 7 août 1818, Jugement contradictoire qui rejette la demande du sieur Beauger, « attendu « que la pièce est *séparée* des arbres litigieux, par « une portion du *rideau vers le milieu duquel ces* « *arbres sont plantés*; que la possession des arbres « et du terrain qui les porte, a été adjugée au sieur « *Bureuil* par le jugement de la justice de paix de « *Pecquigny*, le 29 avril 1817; et que ce jugement « n'a pas été attaqué; que d'ailleurs Beauger ne « justifie d'aucun titre de propriété, ni pour les « arbres, ni pour le terrain sur lequel ils sont plan-« tés, et qui ne fait point partie du chemin, etc...»

Appel de ce jugement, par le sieur Beauger; et, dans l'instance d'appel, le sieur Bureuil ajoute à ses précédens moyens, celui de la *prescription trentenaire*.

Le 29 juin 1820, ARRÊT de la Cour royale, qui adjuge la propriété des arbres au sieur Beauger, par les motifs suivans :

« ATTENDU 1°. que si les arbres abattus ont été plantés par le sieur Bureuil ou ses auteurs, ils l'ont été en vertu d'un ancien droit seigneurial, sur un terrain qui ne lui appartenait pas; et que le sieur Bureuil en a été dépossédé par la loi du 28 août 1792; — Que *depuis cette époque* jusqu'à ce jour, quels qu'aient été ses faits de jouissance, *il ne peut justifier d'une possession trentenaire*;

puisqu'il ne s'est pas encore écoulé *trente ans*, depuis ladite loi du 28 août 1792; — 2°. Attendu, d'ailleurs, qu'en supposant que les arbres en question ne fussent pas précisément plantés sur la pièce de terre appartenant au sieur Beauger, ce dernier n'en aurait pas moins la propriété de ces arbres, *comme riverain*, en vertu de *l'art.* 14 de la *loi du 28 août* 1792, etc... »

Pourvoi en cassation, par le sieur *de Bureuil*;

Et, le 20 décembre 1821, moi plaidant pour lui, ARRÊT de rejet, en ces termes :

« Attendu qu'il a été déclaré en fait, que c'est seulement en qualité de seigneur, que le demandeur en cassation avait planté les arbres sur le terrain litigieux; — Que d'après cela, l'arrêt devait, comme il l'a fait, distinguer deux époques : celle *antérieure*, et celle *postérieure* aux lois abolitives de la féodalité; — Que, quant à la première époque, le demandeur ne pouvait, *pour prescrire la propriété desdits arbres et dudit terrain, se prévaloir de sa prétendue possession durant cette époque; par la double raison, qu'il ne pouvait prescrire sur lui-même, ni contre ceux qui n'avaient ni droit, ni pouvoir d'agir;* et que la seconde époque *ne renfermant point le temps nécesaire pour accomplir la prescription tentenaire* invoquée par le demandeur; la preuve par lui offerte de sa possession pendant cette époque, devait être écartée comme insuffisante et frustatoire, etc. (M. *Lasagny*, rapp.)

15. De ces motifs, combinés avec ceux de la cour d'Amiens, il ressort clairement que la pensée de la Cour de cassation a été que, tant avant qu'après la révolution, il avait été possible aux *particuliers* de prescrire la propriété des arbres

existans sur les chemins vicinaux ; ainsi que l'espace de terrain sur lequel ils existaient ; que les *seigneurs* seuls ne pouvaient invoquer cette prescription , *pour le temps antérieur à la révolution* , parcequ'alors ils étaient , de droit, réputés propriétaires des chemins, et *qu'on ne prescrit pas sur soi-même* ; parce que, d'ailleurs , la loi d'août 1792, avait aboli tous les droits qu'ils possédaient, comme seigneurs, sur lesdits chemins ; mais qu'à partir de cette époque, les ex-seigneurs mêmes, comme simples particuliers , ont pu prescrire la propriété des arbres des chemins vicinaux , et du terrain qui les porte, s'ils ont possédé, et si on les a laissé jouir pendant la durée de temps nécessaire pour la prescription ; laquelle durée doit avoir été de *trente années* an moins.

CHAPITRE IX.

Si l'Action possessoire , appelée COMPLAINTE *ou* RÉINTÉGRANDE *, peut avoir lieu pour raison d'Arbres existans sur chemins vicinaux.*

On a vu aux chapitres précédens, que, d'après les lois de cette matière, singulièrement celle du 28 août 1792, les propriétaires des champs ou héritages riverains des chemins vicinaux, sont de droit réputés *propriétaires des arbres* existans le long et sur le sol même de ces chemins ; comme aussi , que d'après la loi du 9 ventôse, an 15 (28 février 1805), ils peuvent renouveler ces arbres, en planter de nouveaux, pourvu qu'ils ne nuisent point à la viabilité du chemin, à la largeur qui lui est nécessaire, et à son asséchement.

Dès lors donc, que les arbres existans sur les chemins vicinaux, anciens ou nouveaux, sont susceptibles d'être possédés propriétairement par les particuliers, il ne peut être douteux que ces arbres peuvent être l'objet de l'action appelée, en Droit, *complainte* ou *réintégrande*; quand le possessseur de quelques uns de ces arbres se voit troublé dans sa jouissance, soit par un voisin, soit par le maire d'une commune.

Et, pour ne pas répéter surabondamment ici ce que nous avons déjà expliqué concernant cette procédure particulière, nous prierons le lecteur de vouloir bien se reporter au chapitre 9 de la première partie de cette dissertation (ci-dev. page 66).

CHAPITRE X.

RÉSULTATS *d'un grand nombre d'Arrêts, tant du Conseil d'Etat que des Cours et Tribunaux judiciaires, concernant les Chemins* VICINAUX.

Ces arrêts sont en si grand nombre, surtout ceux du Conseil d'Etat, que deux forts volumes suffiraient à peine pour les contenir. Nous avons donc pensé devoir nous borner à présenter ici de simples résumés de leurs principaux résultats; en indiquant, au-dessous de chaque sommaire, les arrêts qui s'y rapportent, de manière qu'ils puissent être facilement vérifiés. (1).

§. Ier.

L'Administration n'est compétente que pour rechercher et constater l'existence des anciens chemins *vicinaux* ou *communaux*, les classer comme tels, en reconnaître les anciennes limites, et en déterminer la largeur.

Et c'est *aux* PRÉFETS seuls, et non aux *Conseils de préfecture*, à faire ces opérations, à rendre ces décisions ; sauf l'approbation du Ministre de l'Intérieur.

Aux Conseils de préfecture il appartient seulement de réprimer les anticipations, empiétemens, et autres entreprises commises sur les mêmes chemins. (Quelques arrêts avaient d'abord jugé différemment (2).

---

(1) On trouvera la plupart de ces arrêts en entier dans les différens recueils judiciaires, notamment le *Journal du Palais*, celui de M. *J.-B. Sirey*, celui de MM. *Deneoers, Tournemine* et *Dalloz*, celui commencé par M. *Macarel*, continué par M. *Deloche*, etc.

(2) CONSEIL D'ETAT, arrêt du 18 août 1807, *Duplessis*; —du 4 juin 1809, *Chabrié.* — du 11 octobre 1809, *Doat*;— du 15 juin 1812, *Prestrel ;*—du 11 octobre 1813, *Jaucourt*;— — du 16 octobre 1813, *Bonnet, Dumolard*; — du 23 novembre 1813, *Dapsens*; — du 6 janvier 1814, *Couthaud*; — du 27 août 1817, *Blancler;* — du 3 juin 1818, *Defontanes ;* — du 3 juin 1818, *Bruley* ; — du 19 mars 1820, *Langlois ;* — du 24 mars 1820, *Hocquart;* — du 1er. novembre

§. II.

Sur la question de savoir si un chemin ou sentier est vicinal, ou s'il est un chemin privé, appartenant privativement à un ou plusieurs particuliers seulement pour la desserte de leurs héritages : plusieurs arrêts du Conseil d'Etat ont statué que c'était aux Tribunaux qu'il appartenait de prononcer, s'agissant d'une question de propriété (1).

D'autres ont dit que c'était aux Préfets à juger les questions de cette nature (2).

1820; *Lieb;* — du 1er. avril 1821, *Ferrand;* — du 28 novembre 1821, *Gramont;* — du 1er. mai 1822, *Balazé;* — du 1er. juin 1818, *Boutet;* — du 20 novembre 1822, *Ferras;* — du 18 juin 1823, *Bernard;* — du 22 juin 1825, *Rouet;* — du 13 juillet 1825, *Reguédat;* — du 26 août 1825, *Martin;* — du 16 mai 1827, *Amyot;* — du 14 mai 1828, *Villurban;* — du 1er. juin 1828, *C. d'Isy;* — du 6 janvier 1830, *Du Peyron;* — du 16 décembre 1830, *Dionis;* — du 21 avril 1832, *Le Dard;* — du 1er. mars 1833, *Rogemont.*
COUR ROYALE DE PARIS, Arrêt du 23 janvier 1830, *Martin, Rouffin.*
COUR DE CASSATION, Arrêt du 15 novembre 1831, *Larché, Comm. de Beyre.*

(1) Arrêt du 15 mars 1807, *C. d'Anse et Pommiers;* — du 29 septembre 1808, *Comballot;* — du 18 mars 1813, *Colliquet;* — du 27 mai 1816, *Lantin-Montcoy;* — du 3 juillet 1816, *Morin, C. de Saturnin;* — du 3 juin 1818, *C. de Donnemarie, Bruley;* — du 3 juin 1818, *Delteil, C. de Fontanes;* — du 24 décembre 1818, *Mad. de Rohan, C. de Carvin.*

(2) Arrêts du 4, 24 mars, et 2 juin 1819; — 19 mars 1820; — 11 fév. 1820; — 18 juillet 1821 : Commune et hospice de Joinville, *C. d'Etinchem, De Lafond.*

§. III.

Lorsque, à l'occasion d'un chemin vicinal ou prétendu tel ; lorsqu'à l'occasion de prétendues usurpations ou dégradations commises sur ce chemin, une question de propriété, ou de servitude foncière, est incidemment soulevée; les Préfets et les Conseils de préfecture doivent en renvoyer la décision aux Tribunaux ordinaires, seuls compétens pour en connaître ; sauf toutefois le droit appartenant au Préfet d'ordonner telles mesures provisoires qu'il juge convenables et urgentes, pour rétablir ou maintenir des communications indispensables (1).

---

(1) CONSEIL D'ETAT : — du 28 juin 1806, *Avrilleau*; — du 15, 25 mars 1807, *Membray*, *Bottu*, *Simonet*; — 18 novembre 1807, *Doat*; — 29 novembre 1808, *Combalot*; — 4 juin 1809, *Chabrié*; — 29 septembre 1810, *Chabrify*; —19 mai 1811, *Milhiet, C. de Paracy*; — 17 août 1811, *Robin*; — 13 janvier 1813, *Beaufleuri*; — 7 avril 1813, *Pracontal*; — 16 octobre 1813, *Bonnet, Jaucourt*; — 27 mai 1816, *Lantin*; — 27 août 1817, *Chesneau*; — 3 juin 1818, *Fontanes*; — 18 avril 1827, *Ferrand*; — 18 juin 1821, *Pétérinck*; — 28 novembre 1821, *Grammont*; — 20 novembre 1822, *C. de Compazan*; — 26 août 1825, *Martin*; — 22 février 1826, *Mesnard*; — 1er. janvier 1827, *Coulon*; — 16 mai 1827, *Amyot*; — 14 mai 1828, *C. de Villurban*; — 1er. juin 1828, *C. d'Isy*; — 6 janvier 1830, *Dupeyron*; — 5 janvier 1831, *Louct*; — 15 septembre 1831, *Demarolles*.

COUR DE CASSATION : 15 novembre 1831, Commune de *Beyre*.

(C'est surtout cet arrêt récent de la Cour de cassation qu'il est utile de voir et méditer.)

§. IV.

L'arrêté par lequel un Préfet déclare la vicinalité d'un chemin, ou maintient son inscription
sur l'état des chemins vicinaux, et en fixe la largeur, *ne fait point obstacle* à ce que les questions
de propriété qui peuvent être élevées à cette occasion, soient portées devant les Tribunaux. — Mais
son arrêté, alors même qu'il y a instance devant
le tribunal civil sur la question de propriété, doit
recevoir *provisoirement* son exécution ; sauf le
recours contre cet arrêté, au Ministre de l'Intérieur, pour le faire réformer.

Tout ce qui résulte de l'arrêté qui a prononcé
que tel chemin est vicinal, qu'il doit avoir telle
largeur ou dimension, c'est que ce chemin est
jugé nécessaire ; qu'il doit être maintenu ou élargi ;
sauf à indemniser le particulier qui serait judi-
ciairement reconnu propriétaire de la portion de
terrain qui lui serait prise. — L'effet de la déclaration de vicinalité étant *de résoudre le droit de
propriété,* en un *droit d'indemnité* (1).

---

(1) Conseil d'Etat : Arrêt du 19 mars 1820, *C. de Colle-
ville, Langlois ;* — du 17 août 1825, *Bernard ;* — du 13 juillet
1825, *C. de Précy ;* — du 10 août 1825, *Paillette ;* — du 21
décembre 1825, *Roussel ;* — du 1er. mars 1826, Vᵉ. *Paulée ;*
— du 15 nov. 1826, Vᵉ. *Doffaris ;* — du 10 janv. 1827, *Coulon ;* — du 1er. juin 1828, *C. d'Isy ;* — du 6 janv. 1830, *C. de
Champigneules ;* — du 4 mars 1830, *Pavy ;* — du 16 déc.
1830, *C. d'Origny ;* — du 25 janv. 1831, *Houel ;* — du 15.
sept. 1831, *De Marolles ;* — du 14 nov. 1833, *Turodin.*

§. V.

Les arrêtés des Préfets sur la vicinalité, largeur et direction des chemins, ne peuvent être régulièrement attaqués, que par voie de recours ou appel au Ministre de l'Intérieur ; sauf ceux par lesquels un préfet aurait *incompétemment* statué sur des questions attribuées aux Conseils de préfecture, ou réservées à l'Autorité judiciaire ; auquel cas ils peuvent être déférés *immédiatement* au Conseil d'Etat (1).

§. VI.

Ce n'est qu'autant qu'un chemin a été déclaré *vicinal*, et classé comme tel par le Préfet, que les Conseils de préfecture peuvent prendre connaissance des usurpations prétendues commises sur ce chemin (2).

---

(1) Cons. d'Et. — Arr. du 16 oct. 1813, *Bonnet, Dumolard ;* — du 6 janv. 1814, *Couthaud ;* — du 1er. mars 1826, V*. *Dervaux-Paulée ;* — du 1er. juin 1828, *C. d'Isy ;* — du 7 fév. 1834, *de Barral, C. de Crossey.*

(2) Cons. d'Et. — Arr. du 24 juillet 1806, *Durieu ;* — du 18 août 1807, *Duplessis ;* — du 18 oct. 1807, *Doat ;* — du 3 sept. 1808, *Godinot ;* — du 15 janv. 1809, *Pelletier ;* — du 4 juin 1809, *Coquart ;* — du 23 nov. 1810, *Gallois ;* — du 26 mars 1812, *C. de Missegré ;* — du 17 avril 1812, *C. de Caudeval ;* — du 15 juin 1812, *Prestrel ;* — du 6 janv. 1814, *Couthaud ;* — du 23 avril. 1818, *C. de Bon-Saint-Martin ;* —du 17 juin 1818, *Dalmas ;* — du 3 août 1818, *de Villers ;*

§. VII.

12. Les Conseils de préfecture, compétens pour
réprimer les anticipations et dégradations commises
sur les chemins déclarés *vicinaux*, aux termes de
la loi du 9 ventôse an 13, ne le sont pas néanmoins
pour prononcer des *amendes* et autres peines contre les contrévenans ; elles ne peuvent être appliquées que par les tribunaux. — Ce n'est qu'en
matière de *grande voierie* qu'ils peuvent prononcer des amendes, outre les réparations, suppres-
sions et indemnités, aux termes de la loi du 29 floréal an 10 (1).

§. VIII.

Le Maire d'une Commune est toujours recevable
à se pourvoir devant le préfet, pour que tel chemin

—du 18 juin 1823, *Bernard;* — du 8 juillet 1824, *Mathurel;*
— du 31 mars 1825, *Bertrand;* — du 10 août 1825, *Paillette;* — du 1er. nov. 1826, *Vincent*; — du 10 janv. 1827,
Coulon; — du 24 janv. 1827, *Quélan;* — du 16 mai 1827,
Minville; — du 16 mai 1827, *Amyot;* — du 28 fév. 1828,
C. de Nesles; — du 25 avril 1828, *Trumeau;* — du 16 juin
1828, *C. de Flines;* — du 16 déc. 1830, *Dionis;* — du 25
janv. 1831, *Houel;* —du 1er. mars 1833, *Rogemont;*— du
25 juillet 1834, *Pavy, C. d'Epigné.*

(1) Arr. du C. d'Et. du 15 nov. 1826, Ve. *Dossaris;* — du
16 mai 1827, *Mainvielle. Amyot;* — du 8 avril 1829, *Guillaumont;* — 19 juin 1828, *Dervaux-Paulée;* — du 25 janv.
1831, *Houel.*

soit mis au rang des chemins vicinaux ; et, du moment que la vicinalité a été prononcée, le Conseil de préfecture devient compétent pour connaître des anticipations et dégradations commises sur le chemin (1).

§. IX.

Lorsque la largeur d'un chemin vicinal, après recherche faite de ses anciennes limites, a été fixée par le Préfet, même *à plus de six mètres,* nul riverain n'est admissible à prétendre que cette largeur est trop considérable, et qu'il faut la réduire (2).

§. X.

Lorsqu'il s'agit de construction à faire le long d'un chemin communal ou vicinal, c'est au *Maire* du lieu à donner *l'alignement* nécessaire. L'Autorité judiciaire ne peut rien prescrire à cet égard, bien que compétente pour juger les questions de propriété qui peuvent s'élever à cette occasion (3).

---

(1) Cons. d'Et. Arr. du 17 juin 1818, *Delmas, Védas,* — du 18 avril 1821, *C. de Sassenages;* — du 8 sept. 1824, *Maturel;* — du 18 juin 1825, *C. de Lambezellec ;* — du 19 juin 1828, *C. de Flines: —* 27 août 1828, *Montillet.*

(2) Cons. d'Et. Arr. du 13 juillet 1825, *Reguédat, C. de Précy.*
    Cour de cass. — Arr. du 15 nov. 1831, *C. de Beyre, Larché.*

(3) Cons. d'Et. Arr. du 8 mai 1822, Dlles *Routtier.*

§. XI.

La question de savoir si tel chemin vicinal est *utile* ou *inutile*, s'il y a lieu de l'abandonner ou de le rétablir, est exclusivement du ressort de l'Autorité administrative; et c'est au Préfet seul, et non au Conseil de préfecture, à prononcer sur une telle question (1).

§. XII.

Quant aux *Rues* intérieures des villes, bourgs ou villages, qui ne peuvent être considérées ni comme chemins vicinaux, ni comme grandes routes, les Conseils de préfecture n'ont point à connaître des anticipations et autres contraventions qui peuvent y être commises. Elles doivent être poursuivies devant les tribunaux ordinaires : les lois des 29 floréal an 10 et 9 ventôse an 13, n'ayant attribué aux Conseils de préfecture que celles commises sur les *grandes routes* et les *chemins vicinaux*. — Comme aussi, c'est à l'Autorité municipale, seule, qu'il appartient de donner les alignemens dans ces sortes de *rues* ; sauf recours au préfet. (2).

----

(1) Avis du Cons. d'Et. du 8 nov. 1813; — Arr. dn 10 nov. 1807, *Roger*; — du 1er. juin 1822, *Boutet*; — du 27 août 1828, *Montillet*; — du 14 nov. 1833, *Turodin*.

(2) Cons. d'Et. — Arr. du 3 mars 1825, *Cretté*; — du 8 avril 1829, *Guillaumont*.

§. XIII.

Lorsqu'un Préfet juge qu'il y a lieu d'abandonner un chemin ruiné et impraticable, et de le remplacer par un nouveau, à prendre sur une propriété voisine : un tel changement ne peut être opéré qu'avec les formes établies par les lois sur *l'expropriation pour cause d'utilité publique* (1).

§. XIV.

Un Tribunal ne peut, sans excès de pouvoir, prononcer que tel chemin est de la classe de ceux *dont l'entretien est à la charge de la commune* : question dont la décision n'appartient qu'à l'Autorité administrave (2).

§. XV.

La question de savoir à qui appartiennent les *arbres* existans sur les chemins vicinaux, n'ayant été jusqu'ici attribuée par aucune loi à l'Autorité administrative, la connaissance en appartient, de droit, aux Tribunaux ordinaires (3).

---

(1) Cons. d'Et. — Arr. du 12 mai 1819, la d^e. *Tardy, C. de Griège.*

(2) Cour de cass. — Arr. du 14 therm. an 13, *C. de Saint-Hyppolite.*

(3) Arr. du C. d'Et. du 2 déc. 1808, *Vander-Huysen ;* — du 19 avril 1809, *C. de Malines;* —du 7 avril 1813, *Pracontal ;* — du 24 déc. 1818, d^e. *de Rohan ;* —du 21 juin 1826, *Puységur ;* — du 15 sept. 1831, *de Marolles.*

§. XVI.

Sur la question de savoir à laquelle, de deux parties contendantes, appartient *le droit de planter* sur un chemin vicinal : les seuls tribunaux sont également compétens pour prononcer, et non les conseils de préfecture (1).

§. XVII.

Quant aux questions *possessoires*, en matière de chemins, il résulte de plusieurs arrêts du Conseil d'état, qu'il faut distinguer entre ceux *classés comme vicinaux*, et ceux qui ne le sont pas ; — que, quant aux premiers, c'est aux Préfets et Conseils de préfecture qu'il appartient d'en connaître et d'y faire droit ; — qu'à l'égard des seconds seulement, les Juges de paix peuvent recevoir des demandes en complainte ou réintégrande, et y statuer ; — mais à la condition, toutefois, de ne rien prononcer qui puisse contrarier les actes de l'Autorité administrative ; laquelle peut aussi, en cette partie, ordonner toutes les mesures provisoires qu'elle juge convenables (2).

---

(1) Arr. du Cons. d'Et. du 29 avril 1809, Comm. de *Malines.*

(2) Arr. du C. d'Et. du 24 sept. 1806, *Durieu*, com. de *Geaune ;* — du 19 mai 1811, *Milhiet, Paracy ;* — du 18 août 1811, *Robin, Hamelin ;* — du 28 sept. 1816, *Favreau, d'Augeac ;* — du 23 janv. 1820, *Vauchel, des Loges ;* — 18 juillet 1821, *Pétérinck ;* — 21 déc. 1825, *Presson,* maire d'*Evreux ;* — 22 févr. 1826, *Ve. Mesnard ;* — 28 août 1827, *Bresson.*
Voir ci-dev. *chap.* 8 et 9.

CHAPITRE XI.

RÉFLEXIONS *sur la jurisprudence relative aux matières de grande et petite voierie.*

1. On vient de voir, dans le chapitre qui précède, combien de difficultés et d'embarras sont nés des quelques lois publiées depuis la révolution, touchant les *chemins vicinaux !* quelle quantité presque innombrable de décrets, d'arrêts, d'ordonnances, il a fallu rendre en interprétation de ces lois ! singulièrement à l'effet de déterminer à qui appartient l'intendance ou police administrative de cette classe de chemins ; à qui en appartient la jurisdiction contentieuse ; quelle autorité est compétente pour juger les diverses questions et contentions qui peuvent s'élever à leur sujet ?

2. Le fait seul de cette multiplicté d'arrêts, entre lesquels on trouve plus d'une contradiction, ne démontre-t-il pas que notre législation, en cette partie, est loin d'être parfaite ? quelle est au contraire bien défectueuse !

Une loi, sagement méditée, et clairement rédigée, aurait-elle fait naître tant d'incertitudes, de doutes et de conflits ? Aurait-elle nécessité tant d'explications et de réglemens de compétence ?

3. Dans l'ancien ordre de choses, rien de plus simple et de plus facile, que de connaître la jurisdiction compétente pour statuer sur les questions contentieuses qui pouvaient se présenter, soit en matière de *grande voierie*, c'est-à-dire concernant les grandes routes ; soit en matière *de petite voierie,* c'est-à-dire concernant les chemins vicinaux, et rues intérieures des bourgs et villages, non assimilées aux routes royales.

Quant aux chemins *vicinaux*, la jurisdiction con-contentieuse, ainsi que la police administrative, était exercée par les tribunaux ou magistrats *ordinaires*, prévôts, baillis, sénéchaux ; sauf l'appel aux Parlemens.

Quant aux *grandes routes* seulement, et aux rues faisant continuation de ces routes, la police, tant administrative que judiciaire, avait été attribuée aux magistrats appelés *Trésoriers de France et Grands-Voyers ;* lesquels formaient, en chaque généralité ou province, un tribunal spécial, sous la dénomination de *Bureau des finances* (1).

Et, encore une fois, ces deux ordres de tribunaux, chacun dans sa ligne, remplissaient la double fonction d'administrateurs et de juges.

Comme *administrateurs*, ils faisaient des réglemens, ordonnaient des mesures générales pour la sûreté et commodité des voies publiques ; ils en fixaient la largeur, prescrivaient les réparations nécessaires ; ils donnaient les permissions de bâtir, les alignemens des constructions nouvelles, les autorisations de perrons, balcons et autres saillies, etc.

---

(1) Ainsi appelé, parce qu'il avait été originairement créé pour connaître de certaines matières de finances, notamment de la conservation du domaine royal, et de plusieurs branches des revenus publics. On avait ensuite réuni aux fonctions de ces officiers, celles du *Grand-Voyer de France,* dont l'office avait été créé par Henri IV, en faveur du grand Sully. — V. l'édit de déc. 1807, puis celui de février 1826.

Comme *juges*, ils reprimaient les anticipations et dégradations commises, poursuivaient et jugeaient les contrevenans, prononçaient contre eux des amendes et autres peines.

Aussi ne voyait-on pas alors ce qu'on a vu depuis, c'est-à-dire des conflits continuels entre l'Autorité dite *administrative* et l'Autorité *judiciaire ;* des disputes interminables sur ce qui est *purement administratif*, et ce qui est *contentieux ;* sur la distinction à faire entre le *contentieux administratif* et le *contentieux judiciaire :* toutes choses dont on n'a encore pu donner la définition dans aucune loi ; entre lesquelles on n'a encore pu tracer une ligne de séparation fixe ; séparation qu'au surplus le Pouvoir administrant a su franchir ou modifier selon ses vues, toutes les fois qu'il lui a plu d'en mépriser la règle.

4. Les divers tribunaux de l'ancien régime ayant été supprimés en 1790, et l'Assemblée dite constituante ayant posé comme règle fondamentale, dans sa loi constitutive du nouvel ordre judiciaire, que les *fonctions judiciaires* seraient toujours distinctes et séparées de celles *administratives* (*art.* 13 *du titre 2 de la loi du* 16 — 24 *août* 1790); elle ajouta dans une *Loi additionnelle du* 7—11 *septembre* suivant, la disposition qui suit :

« L'ADMINISTRATION , en matière de *grande voie-* « *rie,* appartiendra aux *Corps administratifs ;* et la « POLICE DE CONSERVATION, tant pour les *grandes* « *routes,* que pour les CHEMINS VICINAUX, aux *Juges* « *de Districts.* »

5. Dès le mois d'*octobre* suivant, un conflit s'é-

leva entre le *Directoire* du Département de la *Haute-Saône*, et le *Maire* de la ville de *Gray*, relativement à *l'alignement* qu'il s'agissait de donner, pour une maison à reconstruire dans la principale rue de cette ville.

La difficulté ayant été soumise à la Législature, et d'après un rapport du Comité de constitution, intervint *le 7 dudit mois d'octobre* 1790, un DÉCRET (sanctionné par le Roi le 14), portant :

« *L'administration en matière de grande voirie*,
« attribuée aux Corps administratifs par *l'art.* 6
« *du titre* 14 *du décret sur l'organisation judi-*
« *ciaire* (1), *comprend*, dans toute l'étendue du
« royaume, *l'alignement des rues des villes, bourgs*
« *et villages, qui servent de grandes routes.* »

Restait donc intacte, la disposition de la loi précédente, qui attribuait *aux juges de district*, tant sur les grandes routes que sur les chemins vicinaux, *la police de conservation*, c'est-à-dire répressive des usurpations et dégradations.

5. Les choses restèrent en cet état, jusqu'à la nouvelle organisation donnée, en l'an 8, sous le gouvernement des *Consuls*, tant à l'ordre judiciaire, qu'au régime administratif.

Par la *Loi du* 28 *pluviôse* an 8, il fut dit d'une part : « LE PRÉFET sera chargé, SEUL, *de l'admi-*
« *nistration.* » (Art. 3). — Il fut dit d'autre part :
« *Le Conseil de préfecture* prononcera sur.... *sur*
« *les difficultés qui pourront s'élever en matière de*
« GRANDE VOIERIE. » (Art. 4.)

---

(1) C'est la loi du 11 sept. 1790.

Ainsi, la police judiciaire en matière de *Grande voierie* seulement, se trouvait etirée aux tribunaux ordinaires.

6. Mais ces mots : « *les difficultés qui pourront s'élever en matière de grande voierie* », étaient bien vagues.

Que comprenaient-ils ? Que ne comprenaient-ils pas ?

De là , de fréquentes difficultés entre les Préfectures et les Tribunaux.

Pour les faire cesser , le Gouvernement *consulaire* présenta et fit adopter, par le Corps législatif de *l'an* 10, la *Loi* promulguée sous la date *du 29 floréal* de cette année, dont *l'art.* 1er. est ainsi conçu :

« *Les contraventions en matière de* GRANDE VOIE-
« RIE , telles que *anticipations , dépôts de fumiers*
« ou autres objets, et toutes espèces de *détériora-*
« *tions* commises *sur les grandes routes ,* sur les
« *arbres qui les bordent,* sur les *fossés, ouvrages*
« *d'art* et *matériaux* destinés à leur entretien ; —
« *sur les canaux , fleuves et rivières navigables ,*
« leurs *chemins de halage , francs-bords , fossés*
« et *ouvrages d'art ; —* SERONT CONSTATÉES, RÉ-
« PRIMÉES et *poursuivies* PAR VOIE ADMINISTRA-
« TIVE : »

Puis, *en* 1811 , dans le grand *Décret du* 16 *décembre* de cette année, ont été ajoutées de nouvelles dispositions explicatives, que nous avons précédemment rapportées textuellement. (V. la fin du *chap.* IX , de la 1re. *partie*).

7. Cette attribution de la jurisdiction pénale, en matière de *grande voierie* , aux Conseils de préfecture , a-t-elle été bien vue ?

En est-t-il résulté un grand avantage pour la conservation des routes, pour la répression des contraventions?

N'aurait-on pas mieux fait d'en laisser la connaissance aux Juges ordinaires?

Plus rapprochés des lieux à vérifier, et des personnes à poursuivre, ils eussent pu rendre une justice et plus sûre et plus prompte, à qui de droit.

Jusqu'à présent on les a trouvé bons, les tribunaux ordinaires, pour connaître des délits forestiers, des délits de chasse, de douane, d'octroi, de *voierie urbaine*, etc.

Leur eût-il été plus difficile de statuer sur les contraventions et délits en matière de *grande voierie?*

8. Toutefois, et pendant plusieurs années, ce retranchement fait à la jurisdiction des tribunaux, se borna aux seuls cas de *grande voierie*.

Mais, survint la *Loi du 9 ventôse an 13*, où il est question tout à fois des *grandes routes* et des *chemins vicinaux*, et qui se termine par ces mots:

« *Les poursuites en contravention aux dispositions de la présente loi, seront portées devant les Conseils de préfecture*; sauf le recours au *Conseil d'état*. »

9. Que résultait-il de ce dernier article de la loi de ventôse an 13?

S'ensuivait-il que désormais les Conseils de préfecture devraient, seuls, connaître des anticipations, empiétemens, dégradations, et autres contraventions, qui seraient commises sur les *chemins vicinaux?*

S'ensuivait-il aussi que c'était aux Conseils de

préfecture, et non aux Préfets, qu'il appartenait de rechercher les anciennes limites des chemins, d'en déclarer la vicinalité, d'en déterminer la largeur, d'en permettre et surveiller les plantations, lorsqu'il y avait contestation à cet égard?

10. C'est ce qui était si peu clair, que le Conseil d'Etat lui-même a plusieurs fois varié dans ses décisions sur ces différens points; ainsi qu'on l'a déjà remarqué.

Ainsi, par exemple, il pensa d'abord, que c'était aux Conseils de préfecture, et non aux Préfets seuls, qu'il compétait de faire *la reconnaissance des anciennes limites des chemins vicinaux*, d'en fixer la largeur, d'en surveiller la plantation. (Arr. du 18 août 1807, *Duplessis*. — Autre du 15 janvier 1809, C. de *Vimpelles*.)

Puis on a adopté une autre opinion, et jugé que cette reconnaissance et surveillance n'appartenait qu'aux Préfets.

Puis, on fit distinction entre le cas où il y avait *contestation* sur la vicinalité du chemin, sur sa largeur et ses limites; et celui où il n'y en avait pas.

Au cas de contestation, on jugea que c'était aux Conseils de préfecture à prononcer; puis on abandonna cette jurisprudence, et l'on décida que dans tous les cas c'était au Préfet, et au Préfet seul, de déclarer si un chemin était vicinal, d'en fixer la largeur et la direction. (Arr. du 15 juin 1812, *Prestrel*, *Morinville*, etc.).

11. Pendant quelques années on a pensé que la question de savoir si tel chemin était *vicinal*, ou s'il n'était qu'un chemin *privé*, appartenant à un particulier pour la desserte de ses héritages, ne pouvait être jugée que par les Tribunaux, attendu que c'était là une *question de propriété.*

Puis on a dit que c'était encore aux Préfets seuls, à juger les questions de cette nature. (V. au chapitre précédent §. 2.)

12. A l'égard des chemins reconnus vicinaux, on estima d'abord que les Conseils de préfecture ne pouvaient connaître que des usurpations ou anticipations, et non des *dégradations*, lesquelles devaient être poursuivies devant les tribunaux de police. (Arr. du 26 mars 1812, *Gilbert*, C. de *Misségré*).

Puis, on a pensé que les dégradations devaient être comprises avec les usurpations, dans la compétance des Conseils de préfecture. (Arr. du 17 août 1812, C. de *Caudeval.* — Du 23 avril 1818, C. de *Bon St-Martin*).

13. S'il était vrai que par la Loi du 9 ventôse an 13, les Conseils de préfecture eussent été chargés de réprimer les anticipations et dégradations commises sur les chemins vicinaux, il devait s'ensuivre, ce semble, qu'ils avaient le pouvoir de prononcer contre les contrevenans toutes les condamnations applicables à ce genre de délit.

Après quelques arrêts qui ont statué dans ce sens, il en est venu d'autres, et en plus grand nombre, qui décidèrent que les Conseils de préfecture doivent se borner aux *condamnations purement civiles,* et renvoyer aux tribunaux de police, pour l'application des *amendes.* (V. au chap. précédent, §. 6.)

En sorte que, pour raison du même fait, un particulier aura à subir doubles poursuites, devant deux jurisdictions différentes; deux procès, deux jugemens; et en cas d'appel, la nécessité de parcourir tous les dégrés de l'Autorité administrative et de l'Autorité judiciaire.

14. Ainsi, encore, dans le principe, on pensa que, dès qu'à l'occasion d'une prétendue usurpation commise sur le sol d'un chemin, une question de propriété était soulevée, les préfets et conseils de préfecture devaient s'arrêter, et renvoyer cette question de propriété aux tribunaux. (V. les arrêts cités au §. 3 du chap. précédent.)

Puis, on s'est ravisé, et l'on décide maintenant que, sans égard à l'exception de propriété, les préfets et les conseils de préfecture doivent passer outre, et prononcer, soit la vicinalité du chemin, sa largeur et dimension, soit la répression de l'usurpation prétendue; sauf au particulier à se pourvoir, si bon lui semble, devant l'autorité judiciaire, pour faire juger qu'il est propriétaire du chemin, ou de la portion prétendue usurpée; nonobstant lequel pourvoi l'arrêté préfectural n'en sera pas moins mis à exécution, attendu qu'au cas de jugement favorable au réclamant, la portion de terrain à lui prise pour le chemin se trouvera compensée par une indemnité à lui payer par la commune. (V. au ch. précédent, §. 4.)

15. Mais cette jurisprudence est-elle bien légale? Cette manière de procéder ne sent-elle pas un peu l'arbitraire ?

N'est-elle pas l'inverse des règles constamment observées jusqu'ici dans l'administration de la justice; l'inverse de tout ce qui est écrit dans nos

Codes, pour le cas où un particulier inculpé d'usurpation ou de dommages, soit sur un champ, soit sur un bois, et traduit en justice à fin de restitution ou indemnité, articule positivement qu'il est propriétaire du terrain sur lequel il a agi?

Comment concilier cette allure expéditive avec nos maximes constitutionelles, avec le précepte consigné dans toutes nos Chartes, proclamées, revisées, et jurées tant de fois?

Vainement donc elles ont dit et répété, que la *propriété* de chacun est *inviolable; que « nul ne peut être contraint de céder sa propriété, même* POUR CAUSE D'UTILITÉ PUBLIQUE, que *moyennant une indemnité préalable !* »

16. Si en définitive, dites-vous, les tribunaux décident que je suis propriétaire, la Commune m'indemnisera du terrain qui m'aura été pris en exécution de l'arrêté préfectural.

Mais, si la commune n'a pas de fonds? Mais si elle se refuse à payer cette indemnité, ou si elle dispute sur le *quantum?*

C'est, au moins, un procès, et un long procès, que j'aurai encore à soutenir pour le réglement de cette indemnité, et ensuite pour le paiement.

Et, s'il faut en venir à des contraintes, à des saisies : quel est le propriétarre qui n'aimera pas mieux renoncer à toute indemnité, faire le sacrifice de sa chose? — Ainsi, le plus souvent, il se trouvera dépouillé pour toujours, et sans aucun dédommagement !

17. Dans une instance au Conseil d'Etat, entre la commune d'*Epaigné* et le sieur *Pavy*, où il s'agissait d'un terrain réclamé par les habitans comme faisant partie d'un chemin, et que le particulier soutenait lui appartenir, le Préfet avait passé outre et déclaré tout à la fois que ce chemin était vicinal et que le terrain contentieux en faisait partie. Le Conseil de préfecture, de son côté, avait ordonné la suppression d'un fossé, l'arrachement d'une haie et de plusieurs arbres.

Appel contre l'arrêté du Préfet, devant le Ministre de l'Intérieur.

Ce Ministre improuve la précipitation du Préfet, annule son arrêté; et, avant de prononcer lui-même sur la consistance du chemin, dit qu'il faut attendre le jugement du tribunal saisi de la question de propriété.

Mais, le 4 mars 1830, Ordonnance du Conseil d'Etat qui annule la décision ministérielle, par le motif : que « ce Ministre *avait méconnu sa compétence , en subordonnant sa décision sur la vicinalité du chemin , à ce qui serait statué par les tribunaux sur la propriété des parties litigieuses*, etc. »

Dans une autre Ordonnance du Conseil, du 27 janvier 1831, entre la Commune de *Saint-Martin-du-Parc* et le sieur *Houel*, on lit le prononcé suivant : « Considérant que la vicinalité dudit chemin ayant été déclarée par l'Administration publique, le Conseil de préfecture a dû ordonner la répression de toutes les entreprises qui avaient pour résultat d'altérer sa largeur; — Qu'au surplus la décision et l'arrêté attaqués *ne font point obstacle à ce que le sieur Houel défère aux tribunaux les questions de propriété et d'indemnité relatives, tant au terrain qu'il dit lui appartenir, qu'aux arbres plantés sur ce terrain*, etc. »

Il paraîtra toujours étrange, bizarre, que l'on

commence par tenir comme certaine, une usurpation prétendue et déniée, par faire détruire des clôtures et arracher des plantations, avant qu'il ait été prononcé sur la question de propriété, par l'autorité que vous reconnaissez vous mêmes être *seule compétente pour juger* cette question !

Ne peut-il pas très-bien arriver que cette autorité prononce qu'il n'y avait pas eu d'*usurpation;* que le terrain litigieux était réellement la *propriété* du réclamant?... — Et alors, il faudra détruire ce qui aura été fait en exécution de l'arrêté préfectural, rendre le terrain, payer les dommages; ou bien, si l'on veut qu'il reste réuni au chemin, en payer la valeur, plus l'indemnité des torts et préjudices causés! La commune ne sera-t-elle pas beaucoup plus grévée, que si l'on eût attendu la décision judiciaire?

18. Pour justifier ce mode de procéder, on s'autorise de la *Loi du* 9 *ventôse an* 13. — Reportons-nous donc au texte de cette loi; voyons ce qu'elle dit, ce qu'elle ordonne :

Et, d'abord, remarquons son titre officiel : « Loi *concernant les plantations des grandes routes et des chemins vicinaux* »

Après les cinq premiers articles, qui prescrivent et défendent différentes choses, relativement aux plantations des *grandes routes,* viennent deux articles relatifs aux *chemins vicinaux,* et portant :

1°. «L'Administration fera rechercher et reconnaître les limites des anciens chemins vicinaux. — Elle fixera, d'après cette reconnaissance, leur largeur, suivant les localités ; — Sans pouvoir, cependant, lorsqu'il sera nécessaire de l'augmenter, la porter au-delà de six mètres; ni faire aucun changement aux chemins qui excèdent actuellement cette quotité. » (*art.* 6.)

2°. « *A l'avenir, nul ne pourra planter sur les bords des chemins vicinaux, même dans sa propriété, sans leur conserver la largeur qui leur aura fixée en exécution de l'article précédent.* » (art. 7.)

Puis il est ajouté : « *Les poursuites en contravention aux dispositions de la présente loi, seront portées aux Conseils de Préfecture ; sauf le recours au Conseil d'Etat.* » (art. 8.)

Que résulte-t-il donc des termes de ce dernier article ? — Que les contraventions aux règles prescrites aux particuliers dans les articles précédens seront poursuivies devant les Conseils de Préfecture.

Or, quelle règle est prescrite aux particuliers, dans la loi ci-dessus, relativement aux chemins vicinaux ?

Uniquement celle-ci : *défense de planter sur les bords de ces chemins, sans leur conserver la largeur qui aura été fixée par l'Administration.*

La seule attribution donnée, par cette loi, aux Conseils de Préfecture, est donc uniquement celle de réprimer *les contraventions à la défense de planter* sur les bords des chemins vicinaux, sans leur conserver la largeur fixée par l'Administration.

Rien de plus ; et ici n'oublions pas que les Conseils de Préfecture ne font quelquefois fonction de Tribunaux, que *par exception* à la Jurisdiction commune ; que, par conséquent, ils ne peuvent connaître que des cas qui leur ont été expressément attribués par la loi.

Comment donc a-t-on pu supposer, qu'il résultait de la loi de ventôse an 13, qu'elle avait conféré aux Conseils de préfecture le pouvoir de juger, non seulement les cas de plantations irrégulières sur les chemins vicinaux, mais encore les cas de prétendues usurpations de terrains, les cas de prétendues dégradations, détériorations, et toutes autres contraventions ?

C'est avoir donné à leur compétence exceptionnelle une extension manifeste, et au texte de la loi une interprétation évidemment erronée.

Certes, il n'est personne qui ne comprenne facilement, qu'il y a une grande différence, entre ordonner le déplacement de quelques jeunes brins ou plançons d'arbres nouvellement plantés sur les bords d'un chemin, et condamner un particulier à réparer un chemin dégradé, à délaisser une zône de terre plus ou moins considérable, depuis long-temps possédée, cultivée et plantée; à arracher des corps d'arbres anciens, à combler des fossés, à extirper d'anciennes haies, à démolir des clôtures depuis long-temps établies.

19. Un membre honorable du dernier Conseil d'Etat, qui a exercé une grande influence sur la formation successive de la jurisprudence de ce conseil, reconnait et convient dans son livre des *Questions de Droit administratif,* que la loi de ventôse an 13 n'attribue point textuellement aux conseils de préfecture la connaissance des *anticipations et dégradations ;* mais il ne doute pas que cette attribution ait été dans son *intention* ; qu'elle ressort de son *esprit.*

Le savant auteur du *Répertoire de jurisprudence,* au mot *délit rural,* et au mot *voierie,* pense au contraire que la connaissance des *anticipations* et *dégradations* sur les chemins vicinaux, est restée dans le domaine des *tribunaux correctionnels ;* il le démontre par le texte de la *loi du* 11 *septembre* 1790 , et par *l'art.* 40 *de la loi du* 28 *septembre —* 6 *octobre* 1791, sur la police rurale; par plusieurs arrêts qu'il rapporte, notamment un de la cour de cassation *du* 30 *janvier* 1807.

20. Nous ajouterons avec tous les auteurs, singulièrement celui si estimé de la *Compétence des justices de paix* : « Que *les tribunaux d'exception* ne peuvent connaître que des affaires qui leur sont attribuées *par une loi formelle*, par un texte clair et positif, et qu'il ne faut pas sortir de la *lettre* de ce texte.

« *Lorsqu'il s'élève*, dit-il, *une difficulté sur le point*
» *de savoir si une question doit être soumise aux*
» *conseils de préfecture, le problème est donc bien*
» *facile à résoudre : il ne s'agit que de voir si quel-*
» *quelque loi leur confère le droit d'en connaître ;*
» *et l'on éviterait bien des incertitudes, bien des*
» *conflits, si on leur imposait l'obligation de rap-*
» *porter, dans leurs décisions, la loi qui les auto-*
» *rise à les rendre.* » (296)

Ouvrons donc et relisons encore une fois la *Loi du* 9 *ventôse an* 13. — Quelle sorte de contraventions défère-t-elle *textuellement* à la jurisdiction exceptionnelle des Conseils de préfecture, à l'égard des chemins vicinaux.

Uniquement celle consistant dans une *plantation d'arbres* qui diminuerait on gênerait la largeur fixée par l'administration.

Pas un mot des anticipations ou dégradations qui seraient commises par toute autre voie; par labours et cultures, par creusement de fossés, par construction de bâtimens, de murs, de palissades ou toute autre clôture.

Donc, ces dernières contraventions, qui sont d'une nature toute différente de celle énoncée en la loi de ventôse an 13, n'ont pas été comprises dans l'attribution donnée aux conseils de préfecture. — Donc elles sont restées sous la jurisdiction commune, dans le domaine des tribunaux ordinaires.

Par voie d'*interprétation* et de *jurisprudence*, attribuer la connaissance de ces derniers cas aux conseils de préfecture, c'est évidemment *contrevenir*, et à la loi du 11 septembre 1790, qui conférait *aux tribunaux de district* la police judiciaire des chemins *vicinaux*; et à la loi de 91 sur la police rurale, dont l'article 40 prononce une amende de 3 fr. à 24 fr., contre les cultivateurs ou tous autres qui *dégradent* ou *détériorent* les chemins, ou *usurpent sur leur largeur, de quelque manière que ce soit;* et au *Code d'instruction criminelle*, dont l'article 179 défère généralement *aux tribunaux correctionnels* la connaissance de tous délits susceptibles d'une *amende de plus de 15 fr.*

21. Quant aux *usurpations, anticipations, dégradations et détériorations* commises sur les *grandes routes*, de quelque manière que ce soit: nul doute que les *Conseils de préfecture* ont droit d'en connaître pleinement, d'après la loi spéciale du 29 floréal an 10, qui leur a conféré cette compétence, en dénommant expressément chacune de ces espèces de contraventions. (V. cette loi rapportée ci-dev. p. 75 et 194.)

Si le législateur eut voulu leur donner la même étendue de compétence, sur les *chemins vicinaux*, il eut également exprimé, dénommé toutes ces espèces.

22. « Mais, allègue-t-on, ne vaut-il pas mieux que ces sortes de contraventions soient jugées par les Conseils des préfecture, plutôt que par les Tribunaux ? Les contrevenans eux-mêmes ne peuvent qu'y gagner; il leur en coûtera moins de frais; ils obtiendront une *justice plus prompte.* »

Quoi ! s'ils veulent se défendre, n'auront-ils pas, presque toujours, de plus longues courses, de plus grands frais à faire, pour se transporter au chef-lieu de préfecture, que pour se rendre au tribunal de leur arrondissement ?

Ensuite, trouveront-ils, dans les formes de ce conseil, dans le personnel des conseillers, les mêmes garanties, que dans les règles de procéder d'un tribunal, et dans les lumières des légistes éprouvés qui le composent?

Mais, ce qui répond à tout, c'est que « *nul ne doit être arbitrairement distrait de ses juges naturels et légitimes.* » (Chartes de 1814, et de 1830, article 62.)

23. « *Une justice plus prompte!* — Eh! quelles lenteurs interminables, quelle série d'incidens frustratoires, de renvois et de recours successifs, quelle complication d'arrêtés et de décisions ne décidant rien, quelle instabilité de formes et de principes, les maires des communes et les particuliers n'ont-ils pas à subir presque toujours, lorsque pour raison d'un chemin litigieux, il leur faut parcourir les diverses régions de l'Autorité administrative, au lieu de procéder devant les tribunaux de justice réglée !

23. Entre cent exemples que nous pourrions en rapporter, nous nous bornerons à un seul :

Au territoire de la commune de *Flines*, département du *Nord*, un chemin conduisait tout à la fois, de la grande route, au château appartenant à madame *Dervaux-Paulée*, et au village.

Cette dame considérant ce chemin comme une avenue dépendante de son château, et ne voulant plus souffrir qu'il fut pratiqué par les habitans, qui depuis longues années étaient en possession d'y passer continuellement avec chevaux, bestiaux et voitures, imagine de faire tout-à-coup creuser des fossés et poser des barrières, de façon à leur interdire l'usage de ce chemin.

Au lieu de former tout simplement contre elle, *en Justice de paix, l'action possessoire*, le maire est conseillé de s'adresser à M. le Préfet, et de lui de-demander l'autorisation de faire enlever les barrières.

Arrêté qui ordonne l'enlèvement des barrières et la destruction des fossés.

Recours de la dame *Paulée*, au Ministre de l'Intérieur, contre cet arrêté. — Il est sanctionné par le ministre.

Recours au Conseil d'Etat, contre la décision du Ministre approbative de l'arrêté ; et, le 20 février 1822, Ordonnance qui annule l'arrêté et la décision ministérielle, par le motif : que le chemin en question *n'étant pas porté sur le tableau des chemins vicinaux*, il n'appartenait qu'à *l'autorité judiciaire* de prononcer sur le débat.

Le Préfet rend alors un arrêté qui déclare que le chemin est *vicinal*, et ordonne son inscription au tableau.

Il est notifié à la dame Paulée, avec sommation d'enlever les barrières.

Réclamation de cette dame, contre le 2ᵉ. arrêté du Préfet, par devant le Ministre de l'Intérieur.

Sans attendre la décision du Ministre sur cet appel, le maire fait citer Mᵐᵉ. Paulée, devant le Conseil de Préfecture, à fin de condamnation à enlever les barrières encore existantes.

Sur quoi, le 8 janv. 1823, Arrêté de ce Conseil qui : « Considérant qu'il est de sa compétence de connaître des envahissemens, empiètemens, plantations d'arbres, constructions de barrières et autres entreprises sur les chemins vicinaux ; que celui dont il s'agit ayant été déclaré vicinal par M. le Préfet, le libre passage doit y être assuré ; qu'en persistant à y maintenir ses barrières, après la notification qui lui a été faite de l'arrêté de M. le Préfet, ladite dame a encouru la peine portée par l'art. 471 du Code pénal, contre ceux qui refusent de se conformer aux réglemens de voierie ; — condamne la dite dame à supprimer ses barrières et à une amende de 5 francs. »

Recours de la dame *Paulée* au Cons. d'Etat contre cette condamnation; — et le 1ᵉʳ. mars 1826, Ordonnance qui annule cet arrêté du Conseil de préfecture, pour incompétence, *dans la disposition seulement qui a prononcé une* AMENDE; et ordonne qu'il sera incesssamment statué par le Ministre sur l'appel de l'arrêté du Préfet, déclaratif de la vicinalité.

Décision du Ministre qui annule l'arrêté de vicinalité.

Cependant, avant cette décision du Ministre, la destruction des barrières avait eu lieu, en exécution de la sentence du Conseil de Préfecture.

La dame Pauléc demande au Préfet l'autorisation de les rétablir.

Arrêté du Préfet qui statue que les choses resteront dans l'état où elles ont été mises en vertu de la sentence du Conseil de Préfecture.

La dame Pauléc a de nouveau recours au Ministre, qui déclare *qu'il ne lui appartient pas de prononcer sur le rétablissement des barrières*, dont la suppression a été ordo..née par le Conseil de Préfecture.

Nouveau pourvoi de la dame Pauléc au Conseil d'Etat, contre cet arrêté négatif du Ministre.

Et, le 19 juin 1828, 2ᵉ. Ordonnance qui prononce ainsi :

« Considérant que l'arrêté du Préfet, qui avait déclaré vicinal le chemin en question, ayant été annulé par le Ministre ; et conséquemment la vicinalité ne subsistant plus, le droit que la dame Pauléc prétend avoir d'y construire des barrières, comme aussi le droit de passage que la commune de Flines peut opposer à cette prétention, ne présentent plus que des questions de droit commun, dont la connaissance appartient aux tribunaux, etc. »

24. Ainsi donc, après tant et de si longues procédures, devant le Préfet, devant le Conseil de Préfecture, devant le Ministre de l'Intérieur, devant le Conseil d'Etat ; après trois arrêtés successifs du Préfet, un jugement du Conseil de Préfecture, deux décisions du Ministre, deux ordonnances du Conseil d'Etat; après six années de litispendance devant ces diverses autorités, les parties contendantes n'étaient pas plus avancées qu'au premier

jour de la contestation ! Rien n'était encore jugé sur le fond de la question en litige !

25. Que conclure de ce qui précède ?

Que notre législation sur la matière des chemins est sans doute très-imparfaite ; qu'à défaut de lois claires et précises, une jurisprudence vicieuse s'est introduite, qui a produit des inconvéniens graves, qui a continuellement entravé le cours de la justice, jeté l'Administration elle-même dans des embarras inextricables, encombré les Préfectures, les Ministères, le Conseil d'Etat, de questions litigieuses sans cesse renaissantes, engendré dans les campagnes une foule de débats, de contentions interminables !

Ma conclusion est : qu'il faut, au plutôt, faire cesser cet état de choses ; qu'il y a nécessité, urgence, de revoir et rectifier la législation en cette partie, de rétablir l'ordre constitutionnel des compétences, de rendre aux justiciables leurs juges naturels, et aux tribunaux la plénitude de leurs attributions légales.

26. Maintenez aux *Préfets* ce qui est véritablement *administratif.* Maintenez aussi aux *Tribunaux*, ce qui est *contentieux* et *judiciaire.*

Ainsi, que le Pouvoir administrant fasse des réglemens généraux pour la police des chemins vicinaux ; qu'il prescrive des mesures générales pour leur conservation, leur amélioration ; sur le mode de leur entretien, de leur réparation ; qu'il dresse, ou fasse dresser le tableau de ces chemins en chaque commune ; qu'il déclare vicinal et fasse classer sur le tableau, tout chemin qu'il jugera tel, d'après le rapport de ses délégués, et l'avis des conseils municipaux, *non contredit* par des opposans : — Rien de mieux.

Qu'il déclare encore, d'après les anciens titres, ou après enquête, que tel chemin avait anciennement telle largeur; et que cette largeur, successivement amoindrie par les labours des riverains, doit être rétablie : — Rien de mieux encore.

Qu'il déclare même qn'une zône de terrain plus ou moins considérable était autrefois l'emplacement d'un chemin vicinal, effacé, disparu depuis, par l'effet des cultures d'un voisin qui l'a réuni à son champ : — soit; — et si personne ne réclame, l'arrêté ordonnant le rétablissement du chemin devra être exécuté.

Mais, s'il y a opposition, réclamation d'un particulier, soutenant qu'il n'y a jamais eu là de chemin vicinal proprement dit, mais un simple sentier accidentel et de tolérance sur son héritage; ou bien, que ce chemin est particulièrement consacré à son habitation, qu'il en est une dépendance et fait partie intégrante de sa propriété : — Alors s'élève une *question de propriété*, qui, vous en convenez, ne peut être jugée que par les Tribunaux.

L'exécution de l'arrêté du Préfet doit donc nécessairement être suspendue, jusqu'à ce que la question de propriété ait été résolue par le *pouvoir judiciaire*.

Les premières notions du Droit résistent à ce que les cultures, plantations et clôtures du réclamant, soient provisoirement détruites.

27. Et, quant aux *Conseils de préfecture*, que l'on a supposé compétens pour juger toutes espèces de prétendues usurpations, détériorations et dégradations commises sur les chemins prétendus vicinaux, dès-lors qu'ils ont été déclarés tels par un arrêté de préfet, même alors que la vicinalité est *contestée*, même alors qu'il y a *appel* de l'arrêté déclaratif : — Il ne répugne pas moins à tous les principes, qu'avant que cet appel ait été vuidé, le Conseil de préfecture puisse se saisir de la question de prétendue usurpation, comme dans l'affaire de *Flines*, prononcer qu'il y a eu usurpation, ordonner la destruction des barrières et clôtures, juger ainsi, de fait, *la question de propriété !*

P. S. Nous apprenons qu'une *Commission* composée de magistrats, d'administrateurs, d'agronomes et d'industriels de la plus haute capacité, vient d'être chargée par le gouvernement de préparer le projet d'un *Code rural*.

Le régime des chemins ruraux et vicinaux doit naturellement entrer dans le dessein de ce code.

Plusieurs Commissions semblables avaient déjà été formées précédemment dans le même but ; et deux projets, où ces chemins avaient leur place, furent successivement proposés, communiqués aux cours, imprimés et publiés.

Ils essuyèrent diverses critiques ; puis, on n'en a plus parlé ; et ils sont restés sans suite ni effet.

Sans doute, nos chemins seront aussi l'objet des méditations des nouveaux Commissaires.

Ils vont s'occuper de perfectionner, autant que possible, cette partie si importante de notre législation.

Nous faisons des vœux pour que leurs travaux aboutissent enfin à un résultat utile !

Paris, 15 Octobre 1834.

A. Ch. Guichard, *père*,

Avocat à la Cour royale de Paris, ci-devant à la Cour de cassation et au Conseil-d'Etat.

SÉRIE CHRONOLOGIQUE

DES LOIS ET RÉGLEMENS

RAPPORTÉS OU CITÉS DANS LE COURS DE CETTE

DISSERTATION.

———⊰⊶⊱———

RÉGLEMENS ANCIENS.

LOIS NOUVELLES.

Pag.

TABLE ALPHABÉTIQUE.

FIN DE LA TABLE ALPHABÉTIQUE.